I0044279

Werner Siepe

RICHTIG STEUERN SPAREN IM RUHESTAND

M&E Books Verlag

Köln

RICHTIG STEUERN SPAREN IM RUHESTAND
Werner Siepe
ISBN 978-3-947201-29-7 (Taschenbuch)
ISBN 978-3-947201-30-3 (Gebundene Ausgabe)
1. Auflage – März 2018
© 2018 by M&E Books Verlag GmbH, Köln

Alle Angaben und Daten nach bestem Wissen, jedoch ohne Gewähr für Vollständigkeit und Richtigkeit. Alle Rechte, auch die des auszugsweisen Nachdrucks, der fotomechanischen Wiedergabe sowie der Auswertung durch Datenbanken oder ähnliche Einrichtungen, vorbehalten.

M&E Books Verlag GmbH
Thywissenstraße 2
51065 Köln
Telefon 0221 – 9865 6223
Telefax 0221 – 5609 0953
www.me-books.de
info@me-books.de
Steuer-Nr: 218/5725/1344
USt.-IdNr.: DE310782725
Geschäftsführer: Vu Dinh

Die Deutsche Nationalbibliothek verzeichnet diese Publikation in der Deutschen Nationalbibliographie. Detaillierte bibliographische Daten sind im Internet über http://dnb.de abrufbar.

Cover Photo cirrus-clouds-207534.jpg & euro-1976639.png at https://pixabay.com (CC0 Creative Commons); Cover Icon made by Freepik from www.flaticon.com is licensed by Creative Commons BY 3.0; Portraitfoto des Autors auf Buchrücken: ARD Sendung „Plusminus" vom 20.01.2016 mit dem Beitrag "Das Comeback der gesetzlichen Rente"

VORWORT

Mehr Geld durch weniger Steuern im Alter – wer will das nicht?

In diesem Praxis-Ratgeber für Rentner und Pensionäre sowie alle, die es bald werden, gehe ich auf die Besteuerung von allen denkbaren Alterseinkünften ein. Dazu zählen Renten, Pensionen und sonstige Alterseinkünfte wie Arbeits-, Miet- oder Kapitaleinkünfte.

Schon im Jahr 1970 verkündete der Bundesfinanzhof den Grundsatz „Wer die Pflicht hat, Steuern zu zahlen, hat auch das Recht, Steuern zu sparen". Er fügte an, es stehe „grundsätzlich im Belieben eines jeden Steuerpflichtigen, seine Angelegenheiten so einzurichten, dass er möglichst viel an Steuern spart". Dies gilt selbstverständlich auch für Rentner und Pensionäre. Mehr Geld durch weniger Steuern zu bekommen, ist also Ihr gutes Recht.

Im vorliegenden Steuerratgeber gehe ich nach dem einleitenden Kapitel über Altersversorgung und Steuern im zweiten und dritten Kapitel insbesondere auf das Steuernsparen mit Rentenbeiträgen und die Besteuerung von Renten ein. Im Vordergrund stehen dabei die Steuergestaltung bei Extrabeiträgen zur gesetzlichen Rente und Tipps zur Vermeidung der Doppelbesteuerung von Renten.

Die Besteuerung von Beamten- und Betriebspensionen wird im vierten Kapitel erläutert. Da fast jeder zweite Beamte vor Eintritt ins Beamtenverhältnis als Angestellter tätig war, spielt auch die gesetzliche Rente aus Pflichtbeiträgen für Beamte mit einer gemischten Erwerbsbiografie eine Rolle. Darüber hinaus können auch Nur-Beamte seit August 2010 freiwillige Beiträge zur gesetzlichen Rente zahlen. Die gesetzliche Rente aus freiwilligen Beiträgen wird nicht auf die Pension angerechnet.

Wie das Steuernsparen mit privaten Ausgaben am besten funktioniert, erfahren Sie im fünften Kapitel. Kaum bekannt ist beispielsweise die Möglichkeit, Beiträge zur Kranken- und Pflegeversicherung bis zu zweieinhalb Jahre im Voraus zu bezahlen und dadurch im Jahr der Vorauszahlung kräftig Steuern zu sparen. In den Folgejahren können dann auch andere Versicherungsbeiträge wie Beiträge zur privaten Haftpflicht-,

Unfall-, Renten- oder Kapitallebensversicherung zum größten Teil steuerlich abgesetzt werden, was ansonsten nur selten möglich ist.

Ruheständler mit zusätzlichen Arbeitseinkünften erfahren im sechsten Kapitel, wie sie dabei kräftig Steuern sparen können. In den Kapiteln 7 bis 9 gehe ich ausführlich auf die Steuersparmöglichkeiten bei zusätzlichen Miet- und Kapitaleinkünften im Ruhestand sowie den steuerlichen Altersentlastungsbetrag ein.

Im letzten Kapitel gebe ich Ihnen Tipps zum Umgang mit Ihrem Finanzamt. Dabei empfehle ich Ihnen die oft bewährte 3-H-Methode „Höfliche Hartnäckigkeit hilft". Nur wenn Höflichkeit und Hartnäckigkeit doch nicht helfen, sollten Sie den Einspruch gegen Ihren Einkommensteuerbescheid und eine eventuelle Klage vor dem Finanzgericht nicht scheuen. Im Anhang finden Sie noch Hinweise auf weitere Bücher zum Steuersparen für Ruheständler und auf Steuerprogramme sowie ein Stichwortverzeichnis.

Meinem Bruder Günter Siepe, Diplom-Kaufmann und vor seinem Ruhestand jahrzehntelang als Steuerberater und Wirtschaftsprüfer tätig, danke ich für die vielen Steuerspartipps und die akribische Durchsicht meines Manuskripts zu diesem Buch. Gemeinsam mit ihm habe ich im Jahr 2016 zwei Studien zur Doppelbesteuerung von Renten veröffentlicht.

Ich bin und war selbst weder Steuerberater noch Finanzbeamter. Das grundlegende steuerliche Fachwissen konnte ich mir während meines Studiums der Wirtschaftswissenschaften an der Universität zu Köln im Rahmen des Fachs „Betriebswirtschaftliche Steuerlehre" aneignen. Die praktische Umsetzung dieses Fachwissens habe ich dann weitgehend im „Do-it-yourself-Verfahren" erledigt und meine Einkommensteuererklärungen im aktiven Berufsleben und im Ruhestand immer ohne fremde Hilfe erstellt. Seit einigen Jahren benutze ich allerdings zusätzlich ein professionelles Steuerprogramm.

Wenn Sie Fragen haben, nehmen Sie mit mir bitte Kontakt auf über die E-Mail-Adresse werner.siepe@me-books.de.

Werner Siepe

INHALTSVERZEICHNIS

ABBILDUNGS- UND TABELLENVERZEICHNIS

1. ALTERSVERSORGUNG UND STEUERN

4,4 Millionen Rentner werden in 2018 Steuern zahlen müssen. Dies sind fast doppelt so viele wie noch in 2005. Etwa jeder fünfte Rentner muss momentan Steuern zahlen. Mit der ab Juli 2018 erwarteten Rentenerhöhung um rund 3 Prozent werden es nach Angaben des Bundesfinanzministeriums nochmals rund 54.000 mehr sein. Immer mehr Rentner wachsen auch künftig in die Besteuerung ihrer Renten rein. Künftig wird es jeder vierte oder dritte Rentner sein, da ein immer größerer Teil der Rente besteuert wird. Wer ab 2040 in Rente geht, muss seine gesamte gesetzliche Rente versteuern.

Pensionäre versteuern schon heute ihr Ruhegehalt bis auf einen geringen Versorgungsfreibetrag. Schätzungsweise vier von fünf Pensionären zahlen bereits heute Steuern.

Wer als Rentner oder Pensionär noch weitere Alterseinkünfte aus zusätzlicher Arbeit (zum Beispiel Löhne oder Betriebseinnahmen) sowie aus Vermögen (zum Beispiel Zins- oder Mieterträge) hat, kommt an Steuerzahlungen nicht vorbei.

Um im Ruhestand nicht zu viel an Steuern zu zahlen, ist ein Überblick über sämtliche Alterseinkünfte erforderlich. Zudem muss eine individuelle Steuersparstrategie her. Es gilt, geeignete Steuersparregeln einzuhalten und darauf eine geeignete Steuersparplanung aufzubauen.

13

1.1. Alterseinkünfte im Überblick

Bei den Alterseinkünften im Ruhestand denken die meisten nur an Renten und Pensionen. Alles auf die gesetzliche Rente zu setzen und auf alle anderen Alterseinkünfte zu verzichten, ist sicherlich der falsche Weg.

Der folgende Überblick erfasst alle nur denkbaren **Alterseinkünfte**:

1. gesetzliche Rente
2. Betriebsrente in der Privatwirtschaft oder Zusatzrente im öffentlichen Dienst
3. berufsständische Rente für Freiberufler in kammerfähigen Berufen
4. Riester-Rente, Rürup-Rente oder Rente aus privater Rentenversicherung
5. Beamten- oder Betriebspension
6. zusätzliche Arbeitseinkünfte (Erwerbseinkommen)
7. zusätzliche Zins- und andere Kapitaleinkünfte
8. zusätzliche Mieteinkünfte aus vermieteten Immobilien.

Das ab 2005 in Kraft getretene **Alterseinkünftegesetz** (AltEinkG)[1] regelt nur die Besteuerung von Renten und Pensionen, also die im Überblick unter den Punkten 1 bis 5 genannten Alterseinkünfte. Die Besteuerung von zusätzlichen Arbeits-, Kapital- und Mieteinkünften (siehe Punkte 6 bis 8) wird also nicht im speziellen Alterseinkünftegesetz von 2005 erfasst, sondern wie schon immer im Einkommensteuergesetz unter Berücksichtigung von aktuellen Änderungen.

Ab 2018 ist das **Investmentsteuerreformgesetz** (InvStRefG) in Kraft getreten, das die Besteuerung von Aktien-, Misch- und offenen Immobilienfonds neu regelt. Dies betrifft also alle Anleger mit Anteilen an Investmentfonds.

---

[1] http://www.alterseinkuenfte.de/alteinkg.pdf

1.2. Steuersparregeln

Die Gleichung „möglichst wenig Steuern zahlen = möglichst viel an Steuern sparen" geht auf. Ein schlechtes Gewissen braucht keinen Steuerzahler plagen, der sich zum Steuersparer mausert. Ihr finanzieller Vorteil als Steuersparer liegt jedenfalls auf der Hand: **Mehr** Geld durch **weniger** Steuern.

Die drei wichtigsten Steuersparregeln lauten:

- Nicht ohne Steuern steuern!
- Nicht nur nach Steuern steuern!
- Nicht planlos Steuern steuern!

Die erste Mahnung richtet sich an alle, die bei ihren wirtschaftlichen Entscheidungen überhaupt nicht auf steuerliche Auswirkungen achten. Doch auch das andere Extrem, alles allein unter dem Gesichtspunkt höchstmöglicher Steuerersparnis zu entscheiden, sollten Sie tunlichst vermeiden.

Die dritte Steuersparregel mahnt Sie, nicht ohne jeden Plan Ihre steuerlichen Angelegenheiten in die Hand zu nehmen. Steuern zu sparen ohne Plan ist wie ein Schiff ohne Steuer.

Ihr oberstes Steuersparziel als Rentner und Pensionär sollte es sein, richtig Steuern zu sparen. Leider fehlt vielen ein individuelles und maßgeschneidertes Steuersparkonzept.

1.3. Steuersparplanung als Teil der privaten Finanzplanung

Um die beiden Grundfehler – „ohne Steuern steuern" oder „nur nach Steuern steuern" - zu vermeiden, ist eine individuelle Steuersparplanung erforderlich.

Es reicht nicht, die Formulare zur Einkommensteuererklärung selbst auszufüllen oder dies allein dem Steuerberater zu überlassen. Nicht Reagieren auf Steuertatbestände in der Vergangenheit, sondern Agieren im Hinblick auf gegenwärtige und künftige Steuerfragen ist angesagt, Nur so lassen sich sinnvolle Möglichkeiten zur persönlichen Steuergestaltung finden.

Zwar ist ein Plan nach einem Bonmot „der Ersatz des Zufalls durch den Irrtum". Die Steuern und damit auch die Steuerersparnisse zu planen, macht aber immer noch mehr Sinn, als alle Steuerfragen dem Zufall zu überlassen.

Ein individuelles Steuersparprogramm muss langfristig ausgerichtet sein und mehrere Jahre in der Zukunft umfassen. Nicht die einmalige Steuerersparnis im vergangenen oder laufenden Jahr, sondern das Steuersparen auf Dauer sollte im Vordergrund stehen. Auf diese Weise erhalten Sie auch auf lange Sicht mehr Geld durch weniger Steuern.

„Steuern sparen, koste es, was es wolle" – dieses Motto hat sich noch nie ausgezahlt. Steuern sparen ist eben nicht alles. Ihre Steuersparplanung auch als Rentner und Pensionär sollte Teil der privaten Finanzplanung sein. Am Anfang steht Ihre persönliche Finanzanalyse. Es geht darum, die gegenwärtigen Einkommens- und Vermögensverhältnisse so genau wie möglich zu erfassen. Aufbauend auf dieser Finanzanalyse kann dann Ihre private Finanzplanung für die Zukunft erfolgen.

1.4. Steuerprogramme und Steuerberater

Nach einer Umfrage unter rund 4.000 Lesern der von der Stiftung herausgegebenen Zeitschrift Finanztest[2] Anfang 2017 wählen nur noch 30 Prozent die klassische Variante zur Abgabe ihrer Steuererklärung. Jeweils 12 Prozent füllen die Formulare zur Einkommensteuererklärung auf Papier persönlich aus oder übergeben dies ihrem Steuerberater und 6 Prozent schalten einen Lohnsteuerhilfeverein ein.

70 Prozent der Finanztest-Leser verwenden indes Steuerprogramme. 24 Prozent und damit fast ein Viertel nutzt das kostenlose Steuerpro-

---

[2] https://www.test.de/Steuerprogramme-Von-gut-bis-ausreichend-und-besser-als-auf-Papier-5165521-0/

gramm **Elster**[3] der Finanzverwaltung. „Elster" ist die Abkürzung für elektronische Steuererklärung. Bei Elster-online wird die Steuererklärung im Browser ausgefüllt und bei Elsterformular auf den PC heruntergeladen.

Kostenpflichtige Steuerprogramme

46 Prozent und somit fast die Hälfte der Finanztest-Leser setzt auf kostenpflichtige Steuerprogramme von professionellen Anbietern wie Buhl Data Service, Wolters Kluwer Deutschland oder Haufe Verlag. Diese professionellen Steuerprogramme sind digitale Helfer bei der Einkommensteuererklärung und bieten neben einer Fülle von Steuerspartipps auch die Berechnung der voraussichtlichen Steuererstattung bzw. -nachzahlung an.

Am beliebtesten ist das **Wiso Steuersparbuch** von Buhl Data Service, das jährlich 29,95 Euro im Abo kostet. Mit 24,95 Euro im Abo kommt gleich dahinter die **Steuersparerklärung** von Wolters Kluwer. **Taxman** von Haufe Lexware kostet 29,90 Euro im Abo.

Alle drei Anbieter haben zudem kostengünstigere Steuerprogramme für Arbeitnehmer oder Rentner, die nahezu ausschließlich nur Gehälter oder Renten beziehen, im Angebot. Die Preise reichen von 12,95 Euro für **Tax** von Buhl Data bis zu 14,99 Euro für **Steuereasy** von Wolters Kluwer oder **Quicksteuer** von Haufe. Darüber hinaus gibt es noch Angebote zu 14,95 Euro von **Smartsteuer** oder **Steuerfuchs**.

Die professionellen und kostenpflichtigen Steuerprogramme werden immer leistungsfähiger. Für Abonnenten sind der Import der Vorjahresdaten, die Übernahme der zuletzt ausgefüllten Einkommensteuererklärung sowie der elektronische Versand der Einkommensteuererklärung zum Beispiel für das Jahr 2017 bereits jetzt bei allen Anbietern möglich. Das Softwarehaus Buhl Data arbeitet daran, dass Kontobewegungen aus dem Onlinebanking in die Steuererklärung übernommen werden können. Auch das Internetportal smartsteuer.de will dies künftig ermöglichen.

Die meisten Ruheständler werden mit den kostengünstigen Steuerprogrammen zwischen 12,95 und 14,99 Euro bereits auskommen. Wer als

---

[3] https://www.elster.de

Rentner oder Pensionär jedoch noch zusätzliche Alterseinkünfte wie Zins- oder Mieteinkünfte hat, wird eher die Steuerprogramme Wiso Steuersparbuch, Steuersparerklärung oder Taxman nutzen, die doppelt so viel kosten.

Auch wenn die Ergebnisse der Finanztest-Umfrage Anfang 2017 nicht repräsentativ für alle Steuerzahler sein können, wird die beobachtete Tendenz hin zu kostenlosen oder kostenpflichtigen Steuerprogrammen stimmen.

Lohnsteuerhilfevereine

Im Bundesverband Lohnsteuerhilfevereine (BVL) sind 300 Mitglieder zusammen geschlossen, die als Lohnsteuerhilfevereine rund 3 Millionen Arbeitnehmer, Rentner und Pensionäre bei steuerlichen Fragen helfen.

Neben einer einmaligen Aufnahmegebühr von 10 Euro ist ein jährlicher Mitgliedsbeitrag zu zahlen, der in Abhängigkeit von der Höhe der steuerpflichtigen und steuerfreien Einnahmen beispielsweise bei der Vereinigten Lohnsteuerhilfe (VLh) zwischen 33 und 330 Euro liegt. Bei Einnahmen zwischen 20.000 und 30.000 Euro macht der Mitgliedsbeitrag nur 107 Euro aus, aber bei 50.000 bis 60.000 Euro an Einnahmen 172 Euro. Nur bei jährlichen Einnahmen ab 120.000 Euro wäre der höchstmögliche Mitgliedsbeitrag von 330 Euro zu zahlen.

Die Lohnsteuerhilfevereine dürfen außer Arbeitnehmern auch alle Rentner und Pensionäre beraten. Bei Vermietungs- und Kapitaleinkünften ist dies aber nur erlaubt, wenn diese zusätzlichen Alterseinkünfte nicht über jährlich 13.000 Euro bei Alleinstehenden bzw. über 26.000 Euro bei zusammen veranlagten Eheleuten liegen. Eine Beratung bei Gewinneinkünften (zum Beispiel Einkünfte aus selbstständiger Tätigkeit oder aus Gewerbebetrieb) ist nicht erlaubt. Was erlaubt und was nicht erlaubt ist, steht interessanterweise in Paragraf 4 Absatz 1 des Steuerberatungsgesetzes (StBerG).

Steuerberater

Nur bei komplizierten Steuerfragen wird sich die Einschaltung eines Steuerberaters lohnen. Als Beispiele seien die Besteuerung von Gewinneinkünften sowie die Besteuerung von umfangreichen Vermietungs-

und Kapitaleinkünften genannt. Zur möglichen Doppelbesteuerung von Renten im Einzelfall kann ebenfalls ein Steuerberater oder ein Fachanwalt für Steuerrecht Auskunft geben.

Auch das Steuersparen bei privaten Ausgaben wie Versicherungsbeiträgen und außergewöhnlichen Belastungen kann im Einzelfall mühsam sein. Ein Steuerberater kann auch schnell erkennen, ob im Einkommensteuerbescheid Fehler enthalten sind. In diesem Fall wird er innerhalb eines Monats nach Erhalt des Einkommensteuerbescheids beim zuständigen Finanzamt Einspruch für seinen Mandanten einlegen.

Das Honorar für den Steuerberater hängt vom Umfang seiner Beratungstätigkeit ab. Näheres über die Honorare bzw. Gebühren von Steuerberatern erfahren Sie in der Steuerberatergebührenverordnung (StB-GebV). Danach ist eine Pauschalvergütung statt der Berechnung von Wertgebühren möglich.

Keine Belege mehr zur Einkommensteuererklärung

Ab der Einkommensteuererklärung 2017 müssen keine Belege mehr eingereicht werden. Dies erleichtert die Arbeit für beide Seiten – den Steuerzahler und das Finanzamt. Allerdings sollten die Belege weiterhin zu Hause aufbewahrt werden. Schließlich können Finanzbeamte weiterhin Belege anfordern.

Abgabefrist verlängert

Die Einkommensteuererklärung für 2017 muss grundsätzlich bis zum 31.05.2018 abgegeben werden. Seit vergangenem Jahr verlängert sich diese Frist für alle Steuerzahler in Nordrhein-Westfalen, Bayern, Baden-Württemberg und in Hessen, die ihre Steuererklärung elektronisch über Elster oder ein professionelles Steuerprogramm abgeben, bis zum 31.07.2018.

Ab 2019 verlängert sich die Abgabefrist für alle bis zum 31. Juli. Die Einkommensteuererklärung für 2018 muss dann bis zum 31.07.2019 abgegeben werden. Wer seine Einkommensteuererklärung über seinen Steuerberater abgibt, hat noch fünf Monate mehr Zeit. Bis zum 31.12.2018 bzw. 28.02.2020 müssen Steuerberater die Einkommensteuererklärung für 2017 bzw. 2019 abgeben.

Vier Wege zur Abgabe Ihrer Einkommensteuererklärung

Grundsätzlich stehen vier Wege zur Abgabe Ihrer Einkommensteuererklärung offen:

- auf Papier (Mantelbogen sowie Anlagen, kostenlos)
- elektronisch über Elster (kostenlos)
- elektronisch über Steuerprogramme (Kosten zwischen 13 und 30 Euro)
- über einen Lohnsteuerhilfeverein (jährlicher Mitgliedsbetrag zwischen 30 und 300 Euro)
- über einen Steuerberater (Kosten in Abhängigkeit vom Aufwand).

2. STEUERN SPAREN MIT RENTENBEITRÄGEN

Mit Rentenbeiträgen noch Steuern sparen, obwohl man bereits im Ruhestand ist? Was auf den ersten Blick gar nicht möglich erscheint, kommt in der Praxis gar nicht so selten vor.

Bei Eheleuten, die steuerlich zusammen veranlagt werden, mag der eine Ehegatte bereits in Rente sein. Der andere Ehegatte (meist die jüngere Ehefrau) arbeitet aber noch und zahlt weiterhin Beiträge in die gesetzliche Rentenversicherung ein. In der gemeinsamen Einkommensteuererklärung tauchen dann neben den steuerpflichtigen Renteneinkünften des Ehemanns noch die steuerlich abzugsfähigen Rentenbeiträge der Ehefrau auf.

Auch Frührentner zahlen noch Rentenbeiträge, wenn sie weiter arbeiten und rentenversicherungspflichtig sind. Dies gilt insbesondere für Teilrentner, deren Hinzuverdienst über 6.300 Euro im Jahr liegt. Mit den zusätzlichen Pflichtbeiträgen zur gesetzlichen Rentenversicherung erhöhen sie ihre spätere Regelaltersrente. Dies ist sogar noch bei Weiterarbeit nach Erreichen der Regelaltersgrenze möglich, sofern auf Antrag des jobbenden Rentners weiterhin Pflichtbeiträge zur gesetzlichen Rentenversicherung entrichtet werden.

Frührentner können zudem erstmals ab dem 01.01.2017 noch **freiwillige Beiträge zur gesetzlichen Rente** bis zum Erreichen der Regelaltersgrenze zahlen, sofern sie in der gesetzlichen Rentenversicherung nicht mehr pflichtversichert sind.

Wer als Frührentner allerdings mehr als 450 Euro im Monat verdient oder einen versicherungspflichtigen Minijob hat, ist pflichtversichert und damit von der freiwilligen Versicherung ausgeschlossen.

Frühpensionäre können für die Zeit vom Pensionsbeginn bis zum Erreichen der Regelaltersgrenze ebenfalls freiwillige Beiträge zur gesetzlichen Rente zahlen. Allerdings müssen sie darauf achten, dass sie die Wartezeit von fünf Jahren bzw. 60 Monaten mit Beiträgen belegen. Dies wird nur gelingen, wenn sie schon vor dem Pensionsbeginn mit der Zahlung von freiwilligen Beiträgen begonnen oder als ehemalige Arbeitnehmer Pflichtbeiträge geleistet haben.

Die Zahlung von **Ausgleichsbeträgen zum Rückkauf von Renten-abschlägen** ist zwar auch Frührentnern noch bis zum Erreichen der Regelaltersgrenze möglich. Aus steuerlichen Gründen ist es aber besser, diesen Ausgleichsbetrag in jährlichen Teilzahlungen schon vor Beginn der Frührente zu zahlen.

Sofern später bis zum Erreichen der Regelaltersgrenze weiter gearbeitet und somit auf die Frührente verzichtet wird, erhöht sich die bereits abschlagsfreie Regelaltersrente noch um ein kräftiges Rentenplus. Die geleisteten Teilzahlungen werden in zusätzliche Renten- bzw. Entgeltpunkte umgerechnet, die dann zu einer deutlich höheren Rente führen.

Schließlich gibt es für vor 1955 geborene Mütter (außer Pensionärinnen), die nach Erreichen der Regelaltersgrenze die fünfjährige Wartezeit noch nicht erfüllt haben, die Möglichkeit von **Nachzahlungsbeträgen** für die an der fünfjährigen Wartezeit fehlenden Monate. Wer beispielsweise zwei Kinder vor 1992 geboren hat, erhält dafür insgesamt vier Jahre für Kindererziehungszeiten gutgeschrieben und muss nur den Mindestbeitrag von 1.004,40 Euro für ein fehlendes Jahr zahlen.

Sie erhält dann eine gesetzliche Rente von 128,54 Euro monatlich brutto. Sofern sie gesetzlich krankenversichert ist, liegt der monatliche Rentenzahlbetrag nach Abzug des Beitrags zur gesetzlichen Kranken- und Pflegeversicherung dann bei 114,59 Euro. Bereits nach neun Monaten hat sie den gezahlten Mindestbeitrag bereits wieder zurück erhalten.

Es gibt also für Ruheständler und auch für Arbeitnehmer, die demnächst in Rente gehen, durchaus noch die Chance zum Steuersparen mit Rentenbeiträgen. Über alle Möglichkeiten zur Zahlung von **Extrabeiträgen zur gesetzlichen Rente** (freiwillige Beiträge, Ausgleichsbeträge und Nachzahlungsbeträge) informiert mein Ende 2017 erschienenes Buch[4]

---

[4] http://amzn.to/2CajuxW

„Extrabeiträge zur gesetzlichen Rente – Warum die sieben Jahre 2017 bis 2023 als die sieben guten Rentenjahre gelten".

2.1. Drei Schichten der Altersversorgung

Bekanntlich gibt es drei Säulen der Altersvorsorge – gesetzliche, betriebliche und private Altersvorsorge. Aus steuerlicher Sicht unterscheidet man seit Inkrafttreten des Alterseinkünftegesetzes in 2005 darüber hinaus drei Schichten der Altersversorgung – Basisversorgung, Zusatzversorgung und sonstige private Altersversorgung.

Abbildung 1: Drei Schichten der Altersversorgung

Schichten	Grundsystem	Zusatzsysteme
Basisversorgung (1. Schicht)	gesetzliche Rentenversicherung (GRV)	berufsständische Versorgung (BSV) Alterssicherung der Landwirte (AdL) Basis- bzw. Rürup-Rente
Zusatzversorgung (2. Schicht)	betriebliche Altersversorgung (bAV) Zusatzversorgung im öffentlichen Dienst (ZÖD)	Riester-Rente
sonstige private Altersversorgung (3. Schicht)	private Rentenversicherung (PRV)	Kapitallebensversicherung auf den Todes- und Erlebensfall (KLV)

Gesetzliche Rentenversicherung, berufsständische Versorgung, Alterssicherung der Landwirte und Rürup-Rente zählen danach zur ersten Schicht der **Basisversorgung**. Für sie gelten daher die Übergangsregelungen zur steuerlichen Abzugsfähigkeit der Beiträge (Altersvorsorgeaufwendungen[5]) und zur schrittweise nachgelagerten Besteuerung der Renten[6] nach dem Alterseinkünftegesetz.

In der zweiten Schicht der **Zusatzversorgung** finden sich die betriebliche Altersversorgung, die Zusatzversorgung im öffentlichen Dienst und die Riester-Rente. Die sonstige **private Altersversorgung** wie die private Rentenversicherung und die Kapitallebensversicherung zählen schließlich zur dritten Schicht.

2.2. Altersvorsorgeaufwendungen

Altersvorsorgeaufwendungen sind Beiträge zur Basisversorgung, also in der ersten Schicht der Altersvorsorge (siehe Abbildung 1). Dazu gehören

- Beiträge zur gesetzlichen Rentenversicherung
- Beiträge zur berufsständischen Versorgung
- Beiträge zur Alterssicherung der Landwirte
- Beiträge zur Basis- bzw. Rürup-Rente.

Für diese vier Arten von Rentenbeiträgen gilt ab 2005 die steuerliche **Übergangsregelung**, wonach diese Beiträge in 2005 zu 60 Prozent steuerlich abzugsfähig waren und erst ab 2025 zu 100 Prozent steuerlich abzugsfähig sein werden. Der steuerlich abzugsfähige Anteil steigt jährlich um jeweils zwei Prozentpunkte.[7] Beiträge zur gesetzlichen Rentenversicherung sind beispielsweise in 2017 bzw. 2018 zu 84 bzw. 86 Prozent steuerlich absetzbar.

---

[5] § 10 Abs. 1 Ziffer 2 i.V.m. Abs. 2 und 3 EStG, https://www.gesetze-im-internet.de/estg/__10.html

[6] § 22 Nr. 1 Satz 3 Buchst. a Doppelbuchst. aa EStG
siehe https://www.gesetze-im-internet.de/estg/__22.html

[7] § 10 Abs. 3 Satz 4 und Satz 6 EStG, a.a.O.

Tabelle 1: Steuerlich absetzbarer Anteil der Altersvorsorgeaufwendungen

Jahr	absetzbar sind	Jahr	absetzbar sind	Jahr	absetzbar sind
2005	60 %	2012	74 %	2019	88 %
2006	62 %	2013	76 %	2020	90 %
2007	64 %	2014	78 %	2021	92 %
2008	66 %	2015	80 %	2022	94 %
2009	68 %	2016	82 %	2023	96 %
2010	70 %	2017	84 %	2024	98 %
2011	72 %	2018	86 %	2025	100 %

Im Jahr 2020 werden es 90 Prozent sein und ab 2025 sind Beiträge zur gesetzlichen Rentenversicherung in vollem Umfang steuerlich abzugsfähig (siehe Tabelle 1). Was für diese Rentenbeiträge im engeren Sinne gilt, trifft auch auf Beiträge zur berufsständischen Versorgung, zur Alterssicherung der Landwirte und zur Basis- bzw. Rürup-Rente zu. In allen vier Fällen handelt es sich um spezielle Altersvorsorgeaufwendungen. Davon sind die Beiträge zur Betriebs- und Zusatzrente, zur Riester-Rente oder zur Privatrente aus der privaten Rentenversicherung streng zu unterscheiden, für die andere Steuerregeln gelten.

Die Rentenversicherungsbeiträge sind also zunächst nur anteilig absetzbar, obwohl besonders bei Jüngeren die späteren Rentenzahlungen daraus voll steuerpflichtig sind. Nach Auffassung des Bundesfinanzhofs (BFH) entspricht diese Übergangsregelung noch den verfassungsrechtlichen Anforderungen. Die gesetzliche Übergangsregelung sei grundsätzlich hinnehmbar. Allerdings müsse in jedem Einzelfall geprüft werden, ob eine unzulässige Doppelbesteuerung vorliege. Dies wäre der Fall, wenn auf bereits versteuertem Einkommen beruhende Renteneinnahmen erneut der Besteuerung unterworfen würden. Diese Prüfung kann aber immer erst in den Jahren erfolgen, in denen die Renteneinnahmen zufließen.

Ob die beschränkte Abziehbarkeit der Altersvorsorgeaufwendungen tatsächlich zu einer Doppelbesteuerung der Renten führt, wird der BFH also erst in der Rentenphase prüfen (siehe dazu auch das Unterkapitel

3.4). Bewahren Sie neben Ihrem Rentenbescheid daher auch Ihre Einkommensteuerbescheide auf jeden Fall auf. Damit können Sie in der späteren Rentenphase beweisen, in welcher Höhe Sie Rentenversicherungsbeiträge aus versteuertem Einkommen gezahlt haben.

Steuerlicher Höchstbetrag mit ein paar Einschränkungen

Der **steuerliche Höchstbetrag für Altersvorsorgeaufwendungen** liegt in 2017 bzw. 2018 bei 23.362 bzw. 23.712 Euro für Alleinstehende und 46.724 bzw. 47.424 Euro für Verheiratete mit Zusammenveranlagung.

Bei **Ehepartnern bzw. eingetragenen Lebenspartnern** mit Zusammenveranlagung gilt der steuerliche Höchstbetrag unabhängig davon, wer von den Partnern die Beiträge zur Altersvorsorge zahlt (BMF-Schreiben vom 19.8.2013, Rz. 46).[8]

In diesem Höchstbetrag sind die Pflichtbeiträge zur gesetzlichen Rentenversicherung, berufsständischen Versorgung oder Alterssicherung der Landwirte bereits enthalten. Wer darüber hinaus Beiträge zur Rürup-Rente, freiwillige Beiträge zur berufsständischen Versorgung oder Extrabeiträge zur gesetzlichen Rente zahlen will, kann diese Zusatzbeiträge zusammen mit den Pflichtbeiträgen nur bis zum steuerlichen Höchstbetrag berücksichtigen. Gezahlte Rentenbeiträge, die über diesen Höchstbetrag hinausgehen, fallen steuerlich unter den Tisch.

Bei Beamten wird der steuerliche Höchstbetrag um einen fiktiven Gesamtbeitrag zur gesetzlichen Rentenversicherung gekürzt.[9] Dieser macht 18,7 bzw. 18,6 Prozent des Jahresbruttogehalts in 2017 bzw. 2018 aus, höchstens aber 18,7 bzw. 18,6 Prozent der Beitragsbemessungsgrenze in der gesetzlichen Rentenversicherung Ost von 68.400 bzw. 69.600 Euro in 2017 bzw. 2018.

In den Jahren 2017 und 2018 werden bei Beamten also höchstens 12.790,80 bzw. 12.945,60 Euro vom steuerlichen Höchstbetrag abgezogen. Aus Vereinfachungsgründen wird die niedrigere Beitragsbemessungs-

---

[8] https://datenbank.nwb.de/Dokument/Anzeigen/474445/
Az. IV C 3 - S 2221/12/10010:004 // IV C 5 - S 2345/08/0001
[9] § 10 Abs. 3 Satz 3 EStG, a.a.O.

grenze Ost zugrunde gelegt unabhängig davon, ob der Beamte in West oder Ost tätig ist.

Beamte, die freiwillige Beiträge zur gesetzlichen Rente leisten wollen, müssen also vom steuerlichen Höchstbetrag zunächst diesen fiktiven Anteil zur gesetzlichen Rentenversicherung abziehen, um den verbleibenden steueroptimalen freiwilligen Beitrag zu ermitteln. Beispiel: Wer als lediger Beamter in 2018 ein Bruttogehalt ab 69.600 Euro erhält, hat steuerlich nur noch „Luft" für steuerlich zu 86 Prozent abzugsfähige freiwillige Beiträge in Höhe von 10.766,40 Euro (= steuerlicher Höchstbetrag 23.712 Euro minus fiktiver Höchstbetrag zur gesetzlichen Rentenversicherung 12.945,60 Euro).

Wenn dieser ledige Beamte den Höchstbeitrag in der gesetzlichen Rentenversicherung von 14.508 Euro in 2018 freiwillig einzahlen würde, blieben die überschießenden 3.741,60 Euro (= freiwilliger Höchstbeitrag 14.508 Euro in der gesetzlichen Rentenversicherung minus steuerlicher Höchstbetrag 10.766,40 Euro) unberücksichtigt. Über den steuerlichen Höchstbetrag hinausgehende Beiträge sind also steuerlich nicht absetzbar.

Frühpensionäre können freiwillige Beiträge zur gesetzlichen Rente bis zum Höchstbeitrag von 14.249,40 bzw. 14.508 Euro in den Jahren 2017 bzw. 2018 zahlen, sofern sie in diesen Jahren nicht mehr als Beamte tätig waren.

Anlage Vorsorgeaufwand für Beiträge zur Basisversorgung

Altersvorsorgeaufwendungen zur Basisversorgung, also zur gesetzlichen Rentenversicherung, berufsständischen Versorgung, Alterssicherung der Landwirte oder Basis- bzw. Rürup-Rente, sind in den Zeilen 4 bis 10 der **Anlage Vorsorgeaufwand** einzutragen. Es wird immer der tatsächlich in einem Jahr gezahlte Betrag eingetragen, nicht der steuerlich abzugsfähige Anteil.

An dieser Stelle ein wichtiger Hinweis: Hier und in den folgenden Kapiteln wird immer auch auf die Formulare zur Einkommensteuererklärung (Mantelbogen sowie Anlagen) und die jeweiligen Zeilen darin eingegangen. Dies erleichtert den Ruheständlern, die ihre Steuererklärung noch auf Papier abgeben oder zusätzlich auf Papier bei sich zu Hause abheften, die Arbeit. Wer seine Einkommensteuererklärung elektronisch abgibt, wird zumindest den Aufbau dieser Formulare in seinem Steuerprogramm vorfinden. Keineswegs werden Sie dazu angehalten, die amtlichen Formulare zu verwenden und dort Ihre Eintragungen in den genannten Zeilen vorzunehmen.

Auch für Altersvorsorgeaufwendungen gilt das steuerliche **Abflussprinzip**. Es besagt, dass Beiträge zur Altersvorsorge in dem Jahr teilweise oder vollständig steuerlich abzugsfähig sind, in dem sie tatsächlich gezahlt werden. Wer beispielsweise erst im März 2018 freiwillige Beiträge zur gesetzlichen Rentenversicherung rückwirkend für das Jahr 2017 zahlt, kann diese auch erst im Jahr 2018 steuerlich zu 86 Prozent abziehen. Die Deutsche Rentenversicherung wird unabhängig davon die bis zum 3. April 2018 (nicht der 31. März, da dies der Karsamstag ist, auf den Ostersonntag und –montag folgen) gezahlten Rentenbeiträge noch dem Jahr 2017 zuordnen, sofern der Beitragszahler dies ausdrücklich wünscht. Steuerlich machen sie sich jedoch erst für 2018 bemerkbar.

Beiträge zur gesetzlichen Rentenversicherung werden in den Zeilen 4 (Arbeitnehmeranteil lt. Nr. 23 a/b der Lohnsteuerbescheinigung), 9 (Arbeitgeberanteil lt. Nr. 22 a/b der Lohnsteuerbescheinigung) und 6 (freiwillige Beiträge, Ausgleichsbeträge oder Nachzahlungsbeträge) der Anlage Vorsorgeaufwand eingetragen. Arbeitnehmer als Pflichtbeitragszahler, die keine weiteren Extrabeiträge zahlen, tragen Arbeitnehmer- und Arbeitgeberanteil zur gesetzlichen Rentenversicherung somit in den Zeilen 4 und 9 ein.

Nur wenn Sie darüber hinaus Ausgleichs- oder Nachzahlungsbeträge leisten, müssen Sie diese in der Zeile 6 eintragen. Da nur Nicht-Pflichtversicherte freiwillige Beiträge zur gesetzlichen Rente zahlen dürfen, bleibt für diese Gruppe ebenfalls nur der Eintrag in Zeile 6.

Wichtig: Für freiwillige Beiträge von Nicht-Pflichtversicherten (zum Beispiel Beamte, Freiberufler und Selbstständige) und Ausgleichs- oder Nachzahlungsbeträge von Pflichtversicherten gibt es keinen Arbeitnehmeranteil. Die von diesen Versicherten gezahlten freiwilligen Beiträge sowie Ausgleichs- oder Nachzahlungsbeiträge zur gesetzlichen Rente sind beispielsweise bei Zahlung im Jahr 2018 zu 86 Prozent steuerlich abzugsfähig.

Bei Pflichtbeiträgen von sozialversicherungspflichtigen Arbeitnehmern sieht dies anders aus, da sich Arbeitgeber und Arbeitnehmer den Pflichtbeitrag zur gesetzlichen Rentenversicherung je zur Hälfte teilen. Da der Arbeitgeberanteil von 50 Prozent immer voll steuerlich abzugsfähig ist, bleiben im Jahr 2018 für den Arbeitnehmeranteil nur noch 36 Prozent übrig (Differenz zwischen 86 Prozent des Gesamtbeitrags und 50 Prozent Arbeitgeberanteil).

Da aber auch der Arbeitnehmeranteil 50 Prozent beträgt, sind diese 36 Prozent des Gesamtbeitrags effektiv so viel wert wie 72 Prozent des Arbeitnehmeranteils. Dieser steuerliche Abzug wird vom Arbeitgeber bei der monatlichen Gehaltsabrechnung bereits berücksichtigt, da er in die Lohnsteuertabellen eingearbeitet ist. Der Arbeitnehmer muss sich darum also gar nicht kümmern.

Wer als Arbeitnehmer dennoch wissen möchte, in welchem tatsächlichen Ausmaß der Arbeitnehmeranteil zur gesetzlichen Rentenversicherung über die Jahre steuerlich abzugsfähig ist, kann sich an folgender Stufenregelung orientieren: Der in 2005 gezahlte Arbeitnehmeranteil konnte zu 20 Prozent steuerlich abgezogen werden und jeder ab 2025 gezahlte Arbeitnehmeranteil zur gesetzlichen Rentenversicherung wird zu 100 Prozent steuerlich abziehbar sein. In den Jahren 2006 bis 2024 steigt der abzugsfähige Anteil jeweils um vier Prozentpunkte pro Jahr, also beispielsweise von 24 Prozent in 2006 auf 40 Prozent in 2010, 60 Prozent in 2015, 80 Prozent in 2020 und schließlich 96 Prozent in 2024. .

Steuern sparen mit Ausgleichsbeträgen

Wer Rentenabschläge durch Zahlung eines immer hohen, fünfstelligen Ausgleichsbetrags abkaufen will, sollte schon aus steuerlichen Gründen die Möglichkeit von jährlichen **Teilzahlungen** nutzen. Würde der komplette Ausgleichsbetrag in einem einzigen Jahr gezahlt, käme es unter Hinzurechnung der Pflichtbeiträge in aller Regel zum Überschreiten des steuerlichen Höchstbetrags von 23.362 bzw. 23.712 Euro in 2017 bzw. 2018 für Alleinstehende oder 46.724 bzw. 47.424 Euro für Verheiratete mit steuerlicher Zusammenveranlagung nach der Splittingtabelle.

Dazu das Beispiel eines in 1964 geborenen Versicherten, der mit 63 Jahren vorzeitig mit Rentenabschlag in Rente gehen möchte. Sofern er zum vollendeten 63. Lebensjahr auf 70 erreichbare Entgeltpunkte kommt, muss er wegen des hohen Rentenabschlags von 14,4 Prozent eine Minderung dieser Entgeltpunkte um 10,08 (= 70 x 0,144) in Kauf nehmen. Der Rentenabschlag würde zurzeit 312,78 Euro ausmachen (= Entgeltpunkte-Minderung 10,08 x aktueller Rentenwert West 31,03 Euro). Um diesen Rentenabschlag komplett auszugleichen, wäre ein sehr hoher **Ausgleichsbetrag** von sage und schreibe 82.952,49 Euro zu zahlen.

Wenn dieser Versicherte wegen Überschreitens der Beitragsbemessungsgrenze in der gesetzlichen Rentenversicherung West von 78.000 Euro bereits den Höchstbeitrag von 14.508 Euro in 2018 zahlt, bliebe ihm als Alleinstehender nur noch ein steuerlicher Spielraum von 9.204 Euro (= steuerlicher Höchstbetrag 23.712 Euro minus Höchstbeitrag in der gesetzlichen Rentenversicherung West 14.508 Euro). Alles, was er über diese 9.204 Euro hinaus als Ausgleichsbetrag oder Teile davon zahlen würde, fiele steuerlich völlig unter den Tisch.

Günstiger stellt sich die steuerliche Situation für einen verheirateten Höchstbeitragszahler dar, dessen Ehegatte nicht erwerbstätig ist (zum Beispiel bereits in Rente oder Pension). Der Ausgleichsbetrag kann nunmehr über drei Teilzahlungen in den Jahren 2018, 2019 und 2020 erfolgen. Nur für das Jahr 2018 stehen der steuerliche Höchstbetrag von 47.424 Euro und der versicherungsrechtliche Höchstbetrag von 14.508 Euro fest, so dass die optimale Teilzahlung 32.916 Euro im Jahr 2018 ausmacht. Davon sind 86 Prozent bzw. 28.307,76 Euro steuerlich abzugsfähig (siehe Tabelle 2). Die steuerlichen und versicherungsrechtlichen Höchstbeträge für die Jahre 2019 und 2020 wurden nach den geschätzten Werten im Rentenversicherungsbericht 2017 der Bundesregierung ermittelt.

Tabelle 2: Maximale Teilzahlungen für verheiratete Höchstbeitragszahler

Jahr	Höchstbetrag*	GRV-Beitrag**	Teilzahlung***	steuerl. abziehbar****
2018	47.424 €	14.508,00 €	32.916,00 €	28.307,76 €
2019	48.610 €	14.954,40 €	33.655,60 €	29.616,93 €
2020	50.092 €	15.289,20 €	34.802,80 €	31.322,52 €

*) steuerlicher Höchstbetrag nach § 10 Abs. 3 EStG für zusammen veranlagte Verheiratete (steht nur für 2018 fest, ab 2019 Hochrechnung laut Werten im Rentenversicherungsbericht 2017 der Bundesregierung)

**) Höchstbeitrag in der gesetzlichen Rentenversicherung in Abhängigkeit von der Beitragsbemessungsgrenze West (steht nur für 2018 fest, ab 2019 laut Werten für Beitragssatz und Beitragsbemessungsgrenze West im Rentenversicherungsbericht 2017)

***) steuerlich optimale Teilzahlung = steuerlicher Höchstbetrag minus GRV-Beitrag

****) steuerlich abziehbarer Betrag = 86 bis 90 % der Teilzahlung

Die Summe der drei maximalen Teilzahlungen läge bei 101.374 Euro. So viel ist aber angesichts eines auf einen Schlag gezahlten Ausgleichsbetrags von 82.952 Euro gar nicht erforderlich.

Tatsächlich liegt die Teilzahlung von 18.414,11 Euro im Jahr 2020 deutlich unter der maximalen Teilzahlung von 34.802,80 Euro, wie der folgenden Tabelle 3 zu entnehmen ist. Somit macht die Summe der effektiven Teilzahlungen zum Ausgleich des Rentenabschlags „nur" 84.896 Euro aus.

Tabelle 3: Zuteilung an Entgeltpunkten durch Teilzahlungen

Jahr	Teilzahlung*	Zuteilung an EP**	restliche EP West***
2018	32.916,00 €	3,9998 EP	10,08 minus 3,9998 = 6,0802 EP
2019	33.655,60 €	3,9655 EP	6,0802 minus 3,9655 = 2,1147 EP
2020	18.414,11 €	2,1147 EP	0 EP
Summe	84.985,71 €		

*) steuerlich optimale Teilzahlung (für 2018 und 2019 lt. vorhergehender Tabelle)

**) Zuteilung an Entgeltpunkten nach DRV-Methode, also zum Beispiel für 2018: EP West = (Teilzahlungsbetrag : Durchschnittsbeitrag) x 0,856

= (32.916 : 7.044,378) x 0,856 = 3,9998 EP für 2017

***) restliche EP West = EP West des Vorjahres (z.B. 10,08 minus Zuwachs an EP West in 2018 bzw.6,0802 minus Zuwachs an EP West in 2019)

Zwar liegt die Summe der Teilzahlungen in Höhe von 84.986 Euro immer noch über dem Ausgleichsbetrag von 82.952 Euro. Diese um 2.034 Euro höhere Summe ist den höheren geschätzten Durchschnittsentgelten in 2019 und 2020 geschuldet. Im Gegenzug werden aber auch die aktuellen Rentenwerte steigen, so dass darin kein Nachteil zu sehen ist. Zudem ist der um rund 2.000 Euro höhere Betrag auch auf die Teilzahlung an sich zurückzuführen.

Wie bei einer Teil- bzw. Ratenzahlung beim Kauf von Konsumgütern verteuert sich der Rückkauf von Rentenabschlägen. In diesem Fall sind es zwar 2,5 Prozent mehr. Zugleich steigen aber auch der aktuelle Rentenwert, der auszugleichende Rentenabschlag sowie der steuerlich abzugsfähige Anteil von 88 bzw. 90 Prozent in 2019 und 2020.

Arbeitgeber beteiligt sich finanziell am Ausgleichsbetrag

Sofern sich der Arbeitgeber finanziell an der Zahlung des Ausgleichsbetrags beteiligt, kann er bis zur Hälfte des Ausgleichsbetrags in vollem Umfang steuer- und beitragsfrei leisten (siehe § 3 Nr. 28 EStG[10] in Verbindung mit § 1 Abs. 1 Satz 1 Nr. 1 SvEV[11]). Dies hat der Bundesfinanzhof in seinem Urteil vom 17.05.2017 noch einmal ausdrücklich bestätigt (Az. X R 10/15). Nach Mitteilung des Bundesfinanzministeriums vom 03.01.2018 wird dieses BFH-Urteil im Bundessteuerblatt veröffentlicht und ist damit für die Finanzämter verbindlich anwendbar.

Vorteil für den Arbeitnehmer, wenn der Arbeitgeber die Hälfte des Ausgleichsbetrags direkt an die Deutsche Rentenversicherung zahlt: Er selbst zahlt nur die andere Hälfte und kann diese dann zum größeren Teil steuerlich absetzen, in 2018 beispielsweise zu 86 Prozent.

So ungewöhnlich wie diese finanzielle Beteiligung des Arbeitgebers klingen mag, ist sie gar nicht. Oft ist der Arbeitgeber an einer Frühverrentung interessiert, um Personal und damit Kosten einzusparen.

Im Rahmen einer **Abfindungsregelung** kann sich der Arbeitgeber sogar zur vollen Zahlung des Ausgleichsbetrags bereit erklären. Diese beitragsfreie Zahlung zu 100 Prozent setzt voraus, dass der Arbeitnehmer einen entsprechenden Teil des Abfindungsbetrags wegen Beendigung der Beschäftigung zweckgebunden für die Zahlung des Ausgleichsbetrags verwendet. Steuerfrei für den Arbeitnehmer sind in diesem Fall jedoch nur 50 Prozent des Ausgleichsbetrags.

---

[10] https://www.gesetze-im-internet.de/estg/__3.html
[11] https://www.gesetze-im-internet.de/svev/__1.html

2.3. Riester-Beiträge

Wer einen Riester-Vertrag abgeschlossen hat, sollte in jedem Fall die **Anlage AV** zur Einkommensteuererklärung ausfüllen. Das Kürzel AV steht für „Altersvorsorgebeiträge", meint aber ausschließlich Beiträge zur Riester-Rente. Wer neben der gesetzlichen Rente noch Anspruch auf eine Riester-Rente hat, muss somit zwei fast gleich klingende Formulare ausfüllen: Anlage Vorsorgeaufwand für die Beiträge zur gesetzlichen Rentenversicherung (ebenfalls als Beiträge zur Altersvorsorge bezeichnet, siehe Kapitel 2.2) und die Anlage AV für die Beiträge zur Riester-Rente.

Zwar gibt es auf Antrag die **Riester-Grundzulage**, die sich ab 2018 auf 175 Euro jährlich erhöht, sofern mindestens 4 Prozent des Jahresbruttogehalts aus dem Vorjahr abzüglich dieser Grundzulage in den Riester-Vertrag eingezahlt werden. Wer also beispielsweise 36.000 Euro brutto im Jahr 2017 verdient hat, zahlt einen Eigenbeitrag von 1.265 Euro in 2018, also 1.440 Euro gleich 4 Prozent von 36.000 Euro minus der Grundzulage von 175 Euro.

Für jedes ab 2008 geborenes Kind gibt es eine **Kinderzulage** von 300 Euro und für jedes bis 2007 geborene Kind 185 Euro. Bei zwei ab 2008 geborenen Kindern macht die Kinderzulage somit bereits 600 Euro aus. Zusammen mit der Grundzulage von 175 Euro sind dies bereits 775 Euro. Also läge der Eigenbeitrag im Beispielfall nur bei 665 Euro (= 1.440 Euro minus 775 Euro). Da die staatliche Förderung über die Riester-Zulagen bereits fast 54 Prozent des Riester-Beitrags von 1.440 Euro ausmacht, kann es in diesem Fall keine zusätzliche Steuerersparnis geben.

Anders sieht der Fall aus, wenn der maximale Riester-Beitrag von 2.100 Euro jährlich inkl. Riester-Zulagen eingezahlt wird. Nach Abzug der Riester-Zulagen von 775 Euro verbleibt noch ein Eigenbeitrag von 1.325 Euro. Da die Förderquote bei knapp 37 Prozent liegt, könnten sehr gut verdienende Eheleute noch eine Steuerersparnis oben drauf erhalten.

Um Fehler bei der Zulagenförderung von vornherein zu vermeiden, empfiehlt sich ein **Dauerzulagenantrag**. Dieser stellt sicher, dass die Riester-Zulagen tatsächlich auf das Riester-Konto fließen, sofern die Voraussetzungen (förderberechtigter Arbeitnehmer oder Beamter sowie Mindestbeitrag in Höhe von 4 Prozent des Vorjahresbruttogehalts inkl. Zulage) erfüllt sind.

Bei Arbeitnehmern oder Beamten ohne Kinder kommt es fast immer zu einer zusätzlichen Steuerersparnis, da die Riester-Grundlage von 175 Euro selbst bei einem niedrigen Riester-Beitrag von 1.200 Euro gleich 4 Prozent von 30.000 Euro Jahresbruttogehalt nur knapp 15 Prozent ausmacht. Bei einem maximalen Riester-Beitrag von 2.100 Euro läge die Förderquote sogar nur bei etwas mehr als 8 Prozent.

Es ist in solchen Fällen sträflich leichtsinnig, das Ausfüllen des Formulars AV zu unterlassen. Man verschenkt dadurch bares Geld in Höhe der nicht erhaltenen Steuerersparnis. Mit Abgabe der Anlage AV beim Finanzamt wird jedoch automatisch für alle Verträge der Sonderausgabenabzug beantragt, deren Daten vom Vertragsanbieter elektronisch an die zentrale Stelle der Finanzverwaltung übermittelt wurden.

Ebenso falsch wäre es, überhaupt keinen Zulagenantrag zu stellen in der irrigen Annahme, dass dann eben alles über die Steuerersparnis wieder reingeholt wird. Richtig ist vielmehr Folgendes: Wird die Anlage AV zusammen mit der Steuererklärung abgegeben, ermittelt das Finanzamt bei der **Günstigerprüfung**, ob die Zulage oder der Sonderausgabenabzug für den Steuerpflichtigen vorteilhafter ist. Sollte der Steuervorteil durch den Sonderausgabenabzug günstiger sein als die Förderung durch die Zulage, erhalten Steuerzahler den Steuervorteil direkt ausbezahlt. Die Zulage wird als bereits erfolgte Steuervergütung abgezogen unabhängig davon, ob sie tatsächlich beantragt wurde.

Dazu ein Beispiel: Das Finanzamt errechnet eine Steuerersparnis durch den Sonderausgabenabzug von beispielsweise 386 Euro gleich knapp 27 Prozent vom Riester-Beitrag in Höhe von 1.440 Euro. bei einem Ledigen mit einem Vorjahresbruttogehalt von 36.000 Euro. Die Steuerersparnis ist also deutlich höher als die Grundzulage von 175 Euro für Steuerpflichtige ohne Kinder. Von der Steuerersparnis in Höhe von 386 Euro zieht das Finanzamt die Grundzulage von 175 Euro auch dann ab, wenn diese gar nicht beantragt wurde. In diesem Fall würde also die staatliche Riester-Zulage von 175 Euro endgültig verschenkt. Die verbleibende Steuerersparnis nach Abzug der Riester-Zulage liegt bei 211 Euro.

Hat der ledige Riester-Sparer ein Vorjahresbrutto ab 52.500 Euro und zahlt er demzufolge den maximalen Riester-Beitrag von jährlich 2.100 Euro inkl. Riester-Grundzulage ein, liegt die Steuerersparnis bei 696 Euro und damit bei gut 33 Prozent des Riester-Beitrags. Nach Abzug der Riester-Zulage von 175 Euro verbleibt noch eine hohe zusätzliche Steuerersparnis von 521 Euro.

Zusammen veranlagte Ehepartner geben eine gemeinsame Anlage AV ab. Trotzdem füllen sie die einzelnen Felder jeweils getrennt pro Ehepartner aus (linke Spalte für den Ehemann und die rechte Spalte für die Ehefrau). Bei Lebenspartnern gilt die linke Spalte für Lebenspartner A und die rechte Spalte für Lebenspartner B.

Die Kinderzulage gibt es für jedes Kind, für das Kindergeld ausgezahlt wird. Für jedes Kind wird pro Jahr nur eine Kinderzulage gezahlt. Das gilt auch dann, wenn beide Elternteile jeweils einen eigenen Vertrag abgeschlossen haben.

Seit 2010 muss keine Anbieterbescheinigung über die Riester-Rente mehr in Papierform eingeholt werden, da diese nun vom Anbieter direkt elektronisch an das Finanzamt übermittelt wird. Das erspart einige Arbeit, da die Beschaffung der Anlage nun überhaupt nicht mehr im Zuständigkeitsbereich des Steuerzahlers liegt.

Im ersten Teil des Formulars AV geht es konkret um die geleisteten Altersvorsorgebeiträge und die Beantragung einer Altersvorsorgezulage. Ebenso werden Kranken- und Pflegeversicherungsbeiträge abgefragt. Im Anschluss werden unmittelbar begünstigte Personen angegeben. Das sind vor allem Arbeitnehmer, Beamte oder Personen, die Lohnersatzleistungen beziehen. Grundsätzlich ist entscheidend, dass ein bestimmter **Eigenbeitrag** gezahlt wurde, um die gesamte Zulage zu erhalten. Grundlage für diese Berechnungen sind die Vorjahreseinkünfte: Der Eigenbeitrag liegt bei 4 Prozent der im vorangegangenen Kalenderjahr erzielten Einnahmen abzüglich der Ihnen zustehenden Zulagen. Der **Mindesteigenbetrag** liegt bei 60 Euro im Jahr.

Bei Ehepartnern und eingetragenen Lebenspartnerschaften kann es passieren, dass nur ein Partner als Begünstigter gilt. Haben allerdings beide eine entsprechende Altersvorsorge abgeschlossen, kann der andere als mittelbar Begünstigter im nächsten Abschnitt der Anlage AV ebenfalls den Sonderausgabenabzug beantragen.

2.4. Beiträge zur Entgeltumwandlung

Für Beiträge zur Gehalts- bzw. Entgeltumwandlung gibt es kein Formular zur Einkommensteuererklärung, da der Arbeitgeber den Beitrag vom Bruttogehalt direkt abzieht und nur Steuern auf das Bruttogehalt nach Entgeltumwandlung abführt. Insofern erfolgt die Steuerfreiheit automatisch.

Ab 2018 können bis zu 8 Prozent von 6.500 Euro (Beitragsbemessungsgrenze in der gesetzlichen Rentenversicherung West) steuerfrei als **Entgeltumwandlung** für die betriebliche Altersvorsorge eingezahlt werden. Dies sind immerhin maximal 520 Euro pro Monat.

Steuer- und gleichzeitig sozialabgabenfrei geht dies aber nur bis zu 4 Prozent von 6.500 Euro, also bis zu monatlich 260 Euro. Auf diese so genannte **Brutto-Entgeltumwandlung** hat seit 2002 jeder Arbeitnehmer einen Rechtsanspruch nach dem Betriebsrentengesetz.[12] Dies nennt man nach dem früheren Bundesfinanzminister Hans Eichel auch „Eichel-Förderung" bzw. Entgeltumwandlung im engeren Sinne.

Diese **steuer- und sozialabgabenfreie Entgeltumwandlung** bis zu 260 Euro monatlich im Jahr 2018 steht bei der betrieblichen Altersvorsorge mittlerweile ganz eindeutig im Vordergrund. Insbesondere Arbeitnehmer, deren Gehalt unter der Beitragsbemessungsgrenze von monatlich 4.425 Euro in der gesetzlichen Krankenversicherung liegt, sparen den kompletten Arbeitnehmeranteil von über 20 Prozent ein und darüber hinaus auch noch Steuern. Bei alleinstehenden Arbeitnehmern in Lohnsteuerklasse I liegt der Nettobeitrag daher meist nur bei der Hälfte des Brutto-Beitrags.

---

[12] § 1a Abs. 1 BetrAVG

Die **zusätzliche nur steuerfreie Entgeltumwandlung** von ebenfalls bis zu 260 Euro im Monat ist in der Regel nur für Höher- und Spitzenverdiener mit einem persönlichen Grenzsteuersatz von über 40 Prozent inklusive Solidaritätszuschlag interessant.

Die **Netto-Entgeltumwandlung** (auch als Entgeltverwendung bezeichnet, da aus dem Nettogehalt finanziert) wurde bisher in der Praxis weniger praktiziert. Sie ist besser unter dem Namen **betriebliche Riester-Rente** bekannt, da sie von Ex-Bundesarbeitsminister Walter Riester ebenso wie die private Riester-Rente aus der Taufe gehoben wurde. Die Riester-Förderung besteht wie bei der privaten Riester-Rente aus **Zulagen und evtl. zusätzlichen Steuerersparnissen** für Beiträge inklusive Zulage bis zu 4 Prozent von 2.100 Euro pro Jahr, also bis zu 175 Euro inkl. Zulage im Monat. Sozialabgaben können bei der betrieblichen Riester-Rente ebenso wenig wie bei der privaten Riester-Rente eingespart werden.

Da die betriebliche Riester-Rente für gesetzlich krankenversicherte Rentner bis Ende 2017 aber voll beitragspflichtig war mit bis zu 18,5 Prozent der Betriebsrente als Beitrag zur gesetzlichen Kranken- und Pflegeversicherung, war sie bisher im Vergleich zur privaten Riester-Rente nicht interessant. Dies wird sich nach **Wegfall der Doppelverbeitragung** ab 2018 vermutlich ändern, denn nun sind betriebliche und private Riester-Rente beitragsrechtlich gleichgestellt.

Da bei der betrieblichen Riester-Rente erfahrungsgemäß geringere Abschluss- und Verwaltungskosten entfallen im Gegensatz zur privaten Riester-Rente, könnte es beim Betriebs-Riester zu einem Comeback kommen. Geringverdiener mit einem monatlichen Bruttogehalt bis zu 2.200 Euro können zudem von einem speziellen Förderbetrag des Arbeitgebers von 72 bis 144 Euro profitieren. Zusammen mit der Riester-Grundzulage von 175 Euro liegt die maximale Förderung dann bereits bei 319 Euro für kinderlose Geringverdiener.

Wer beispielsweise nur 2.000 Euro brutto im Monat bzw. 24.000 Euro im Jahr verdient und davon jährlich 960 Euro gleich 4 Prozent von 24.000 Euro Jahresbruttogehalt einzahlt, kommt nach Abzug der 319 Euro zu einem Eigenbeitrag von nur noch 641 Euro. Allein die Summe aus Riester-Grundzulage und speziellem Förderbetrag für Geringverdiener macht schon 33 Prozent von 960 Euro aus.

Ab 2018 tritt das **Betriebsrentenstärkungsgesetz** (BRSG) in Kraft. Kern der neuen Betriebsrente für Neuabschlüsse ab 01.01.2018 ist der vollständige **Garantieverzicht** und damit die Enthaftung der Arbeitgeber, die nur noch eine reine Beitragszusage erteilen nach dem Prinzip „pay and forget" (zahlen und dann vergessen). Der Wegfall von Garantien soll zu höheren Betriebsrenten führen, die künftig als Zielrenten bezeichnet werden und daher unverbindlich sind. Dies eröffnet Arbeitnehmern höhere Renditechancen, ist aber zugleich auch mit höheren Risiken verbunden.

Zu den Vorteilen der neuen Betriebsrente zählt vor allem der verpflichtende **Arbeitgeberzuschuss in Höhe von 15 Prozent** des umgewandelten Betrages bei Betriebsrenten aus der sozialabgaben- und steuerfreien Entgeltumwandlung. Ob die „neue Welt" der Betriebsrente ohne Garantien, aber mit neuen finanziellen Anreizen tatsächlich besser als die „alte Welt" sein wird, bleibt ungewiss.

Der Arbeitgeberzuschuss von 15 Prozent muss bei der neuen Betriebsrente aus Entgeltumwandlung immer dann gewährt werden, wenn der Arbeitgeber tatsächlich Beiträge zur gesetzlichen Renten-, Arbeitslosen-, Kranken- und Pflegeversicherung einspart. Im Jahr 2018 macht dieser Arbeitgeberanteil zur Sozialversicherung rund 19,4 Prozent des Bruttogehalts aus, sofern dieses nicht höher als 4.425 Euro monatlich bzw. 53.100 Euro jährlich ist.

Beim Überschreiten dieser Beitragsbemessungsgrenze in der gesetzlichen Kranken- und Pflegeversicherung von 4.425 monatlich bzw. 53.100 Euro im Jahr spart der Arbeitgeber nur seinen Anteil zur gesetzlichen Renten- und Arbeitslosenversicherung von zusammen 9,8 Prozent ein. Folglich kann er den Arbeitgeberzuschuss von 15 auf 9,8 Prozent reduzieren. Gleiches gilt für den Fall, dass der Arbeitnehmer privat krankenversichert ist und somit keine Beiträge zur gesetzlichen Kranken- und Pflegeversicherung anfallen.

Der Arbeitgeberzuschuss zur Entgeltumwandlung kann völlig entfallen, sofern das Jahresbruttogehalt die Beitragsbemessungsgrenze in der gesetzlichen Renten- und Arbeitslosenversicherung von 78.000 Euro im Westen bzw. 69.600 Euro im Osten überschreitet und daher keine Sozialabgabenersparnis für den Arbeitgeber möglich ist. Keinen Arbeitgeberzuschuss gibt es somit für Höher- und Spitzenverdiener mit Bruttogehältern ab 78.000 bzw. 68.000 Euro für privat krankenversicherte Arbeitnehmer, die sich für eine Entgeltumwandlung entscheiden.

Die bisherigen Regelungen für bis Ende 2017 abgeschlossene Altverträge zur betrieblichen Altersversorgung bleiben neben den ab 2018 geltenden Regelungen für Neuverträge weiterhin bestehen. Zudem sind auch ab 2018 noch Neuabschlüsse für die „alte" Betriebsrente möglich. Ab 2022 soll der Arbeitgeberzuschuss von 15 Prozent des umgewandelten Betrages auch für Altverträge vor 2018 und für Neuabschlüsse ab 2018 bei der „alten" Betriebsrente gelten. Dieser Arbeitgeberzuschuss ist tarifdispositiv. Das heißt, es kann in Tarifverträgen auch davon abgewichen werden. Wer zurzeit noch keinen Arbeitgeberzuschuss erhält, muss also hoffen, dass es den Zuschuss ab 2022 nachträglich auch für seinen bestehenden Vertrag gibt. Dann hätte er aber immer noch eine vierjährige Durststrecke ohne Arbeitgeberzuschuss durchzustehen.

2.5. Beiträge zur privaten Renten- und Kapitallebensversicherung

Beiträge zur privaten Rentenversicherung und Kapitallebensversicherung mit Neuabschluss ab 2005 zählen zur dritten Schicht der Altersvorsorge und sind nach dem in 2005 in Kraft getretenen Alterseinkünftegesetz steuerlich überhaupt nicht mehr steuerlich abzugsfähig.

Diese Beiträge werden also aus voll versteuertem Einkommen gezahlt. Es handelt sich somit um eine **vorgelagerte Besteuerung**. Eine weitere Besteuerung der Privatrenten aus der privaten Rentenversicherung sowie der Ablaufleistungen aus einer privaten Rentenversicherung mit Ausübung des Kapitalwahlrechts oder aus einer Kapitallebensversicherung ist also nicht erlaubt, sofern sie sich auf das eingezahlte Kapital bzw. die Beitragssumme beziehen.

Der Kapitalanteil einer Rente aus der privaten Rentenversicherung ist somit immer steuerfrei. Steuerpflichtig ist nur der Zins- bzw. Ertragsanteil. Da eine individuelle Berechnung dieses Ertragsanteils nicht praktikabel ist, wird beispielsweise bei 65-jährigen Neurentnern ein pauschaler **Ertragsanteil** von 18 Prozent der Brutto-Privatrente angesetzt.

Wer bei einer ab 2005 abgeschlossenen privaten Rentenversicherung das Kapitalwahlrecht ausübt und eine Ablaufleistung nach Ablauf von mindestens zwölf Versicherungsjahren und nach Vollendung des 60. Lebensjahres (bzw. des 62. Lebensjahres bei Vertragsabschluss ab 01.01.2012) erhält, muss den **Überschuss aus Ablaufleistung minus Beitragssumme** zur Hälfte mit seinem persönlichen Steuersatz versteuern. Somit wird quasi nur der halbe Ertrag versteuert.

Beispiel für einen Neuabschluss in 2006: Beitragssumme 60.000 Euro (= jährlich 5.000 Euro im Voraus x 12 Jahre), Ablaufleistung 73.090 Euro bei einer Ablaufrendite von 3 Prozent und Überschuss 13.090 Euro (= Ablaufleistung 73.090 Euro minus Beitragssumme 60.000 Euro).

Sofern der halbe Überschuss von 6.545 Euro mit dem Spitzensteuersatz von 44,31 Prozent (= 42 Prozent Einkommensteuer plus hierauf 5,5 Prozent Solidaritätszuschlag) versteuert würde, läge die zu zahlende Steuer bei 2.900 Euro. Die Ablaufleistung nach Steuern würde auf 70.190 Euro sinken und die Ablaufrendite nach Steuern auf 2,4 Prozent.

Wegen der anhaltenden Niedrigzinsphase lohnen sich Neuabschlüsse bei der privaten Rentenversicherung oder Kapitallebensversicherung aus wirtschaftlicher Sicht nicht mehr. Viele Anleger haben aber noch Ende 2004 eine private Rentenversicherung mit Kapitalwahlrecht oder eine Kapitallebensversicherung abgeschlossen.

Für diese **Altverträge** gelten nach wie vor die steuerlich günstigeren Regeln. Ablaufleistungen aus einer vor dem 01.01.2005 abgeschlossenen privaten Rentenversicherung mit Kapitalwahlrecht oder Kapitallebensversicherung bleiben nach Ablauf von mindestens zwölf Versicherungsjahren und Vollendung des 60. Lebensjahres weiterhin steuerfrei, sofern diese Versicherungen ausschließlich der privaten Altersvorsorge dienten und nicht im Rahmen der betrieblichen Altersvorsorge abgeschlossen wurden.

Anders als bei Neuverträgen ab 2005 können Beiträge zur privaten Rentenversicherung und Kapitallebensversicherung mit Abschluss bis Ende 2004 in bestimmten Fällen noch zu 88 Prozent steuerlich unter Sonderausgaben bzw. Vorsorgeaufwendungen abgesetzt werden. Dies ist insbesondere dann vorteilhaft, wenn die Altregelung zur steuerlichen Abzugsfähigkeit von Versicherungsbeiträgen günstiger ist als die seit 2005 eingeführte Neuregelung. Das Finanzamt muss im Wege der **Günstigerprüfung** bis Ende 2019 die Altregelung anwenden, sofern diese für den Steuerpflichtigen einen höheren Steuervorteil verspricht.

Die Neuregelung über die Abzugsfähigkeit von sonstigen Vorsorgeaufwendungen (Beiträge zur Kranken- und Pflegeversicherung sowie zu privaten Haftpflicht-; Unfall-, Renten- und Lebensversicherungen) lässt für den Abzug von Beiträgen zur privaten Rentenversicherung und Kapitallebensversicherung in aller Regel überhaupt keinen steuerlichen Spielraum mehr. Grund ist die steuerliche Abzugsfähigkeit der Basiskranken- und Pflegeversicherungsbeiträge seit 2010. Da diese Beiträge fast immer über den Höchstbeiträgen für alle sonstigen Vorsorgeaufwendungen bzw. Versicherungsbeiträgen liegen, fallen die vor 2005 gezahlten Beiträge zur privaten Rentenversicherung oder Kapitallebensversicherung steuerlich unter den Tisch (siehe auch Kapitel 5.1).

3. RENTENBESTEUERUNG

Kaum etwas regt Rentner so auf wie die Besteuerung ihrer gesetzlichen Rente. Viele empfinden dies als ungerecht, weil sie schon im aktiven Berufsleben als Arbeitnehmer kräftig Steuern gezahlt haben.

Fairerweise darf man aber nicht verschweigen, dass Beiträge zur gesetzlichen Rentenversicherung ab 2005 immer stärker steuerlich abzugsfähig sind (zum Beispiel zu 86 Prozent in 2018) und ab 2025 sogar zu 100 Prozent steuerlich abgezogen werden können.

Der alleinstehende, gesetzlich krankenversicherte Neurentner muss in 2018 gar keine Steuern zahlen, wenn seine gesetzliche Rente unter monatlich 1.170 Euro brutto liegt und keine weiteren Alterseinkünfte vorhanden sind. Ist er verheiratet und hat sein Ehepartner überhaupt keine Einkünfte, bleibt sogar eine gesetzliche Rente bis zu monatlich 2.335 Euro steuerfrei.

Der alleinstehende Standardrentner mit Rentenbeginn ab 01.01.2018 kommt nach 45 Jahren Durchschnittsverdienst im Westen auf eine monatliche Bruttorente von aktuell 1.396,35 Euro. Sofern sich die Renten ab 1. Juli 2018 um 3 Prozent erhöhen, liegt seine erste volle Jahresrente bei 17.007 Euro brutto. Da sein zu versteuerndes Einkommen bei 10.935 Euro und damit 1.935 Euro über dem steuerlichen Grundfreibetrag von 9.000 Euro in 2018 liegt, muss er tatsächlich Steuern zahlen.

Seine Einkommensteuer für das Jahr 2018 liegt aber nur bei 308 Euro. Dies sind gerade einmal knapp 16 Prozent des überschießenden Betrags von 1.935 Euro und lediglich rund 26 Euro monatlich. Seine gesetzliche Rente von aktuell 1.396,35 Euro brutto vermindert sich um den Beitrag zur gesetzlichen Kranken- und Pflegeversicherung von 155 Euro und die Steuern von 26 Euro auf dann 1.215 Euro netto. Dabei wird vorausgesetzt, dass dieser Standardrentner keine weiteren Alterseinkünfte hat. Sofern er aber über die Kranken- und Pflegekassenbeiträge hinaus steuerlich abzugsfähige Ausgaben von 1.900 Euro und mehr im Jahr 2018 nachweisen könnte, müsste er gar keine Steuern zahlen.

3.1. Steuern auf gesetzliche, berufsständische und Rürup-Renten

Die **gesetzliche Rente** wird im Grundsatz nachgelagert besteuert. Allerdings gibt es eine Stufenregelung für den steuerpflichtigen Anteil der gesetzlichen Rente (Besteuerungsanteil genannt) und die steuerlich abzugsfähigen Beiträge zur gesetzlichen Rente. Erst ab Rentenbeginn in 2040 wird die gesetzliche Rente voll besteuert. Beginnt die gesetzliche Rente beispielsweise in 2018, liegt der Besteuerungsanteil nur bei 76 Prozent der Bruttorente.

Höhe des Besteuerungsanteils abhängig vom Rentenbeginn

Der **Besteuerungsanteil der gesetzlichen Rente** hängt ausschließlich vom Rentenbeginn ab. Als Rentenbeginn zählt nicht die erstmalige Zahlung einer gesetzlichen Rente, sondern der Zeitpunkt, ab dem die Rente tatsächlich bewilligt wird (siehe BMF-Schreiben vom 13.9.2010, Tz. 159).[13] Das Bewilligungsdatum ist dem Rentenbescheid zu entnehmen.

Meist steht das Bewilligungsdatum gleich im zweiten Satz des Rentenbescheids, Dies ist immer der Erste eines Monats, zum Beispiel der 1. April 2018. Ab diesem Tag ist der ehemals Versicherte in Rente. Es kommt also nicht darauf an, wann die gesetzliche Rente erstmalig gezahlt wird (zum Beispiel Ende April 2018 oder später). Auch das Datum des Rentenbescheids oder des Rentenantrags spielt keine Rolle.

In der folgenden Tabelle 4, die dem Einkommensteuergesetz entnommen ist[14], werden die Besteuerungsanteile für die gesetzliche Rente in Abhängigkeit vom Rentenbeginn aufgeführt. Im Umkehrschluss heißt das: Die noch steuerfreien Anteile der gesetzlichen Rente sinken von beispielsweise 30 Prozent in 2015 auf 20 Prozent in 2020 und dann um jeweils einen Prozentpunkt pro Jahr weiter, bis die Steuerfreiheit der ge-

---

[13] https://datenbank.nwb.de/Dokument/Anzeigen/376206/
Az. IV C 3 - S 2222/09/10041 // IV C 5 - S 2345/08/0001

[14] § 22 Ziffer 1 Satz 1 Buchstabe a Doppelbuchstabe aa,
https://www.gesetze-im-internet.de/estg/__22.html

setzlichen Rente bei einem Rentenbeginn ab 2040 vollständig verschwindet.

Tabelle 4: Besteuerungsanteil der gesetzlichen Rente

Jahr des Rentenbeginns	Besteuerungs- anteil der Rente	Jahr des Rentenbeginns	Besteuerungs- anteil der Rente
bis 2005	50 %	2023	83 %
2006	52 %	2024	84 %
2007	54 %	2025	85 %
2008	56 %	2026	86 %
2009	58 %	2027	87 %
2010	60 %	2028	88 %
2011	62 %	2029	89 %
2012	64 %	2030	90 %
2013	66 %	2031	91 %
2014	68 %	2032	92 %
2015	70 %	2033	93 %
2016	72 %	2034	94 %
2017	74 %	2035	95 %
2018	76 %	2036	96 %
2019	78 %	2037	97 %
2020	80 %	2038	98 %
2021	81 %	2039	99 %
2022	82 %	ab 2040	100 %

Wer früher in Rente geht, profitiert somit von einem geringeren Besteuerungsanteil bzw. höheren steuerfreien Anteil. Dazu ein Beispiel: Ein am 01.01.1955 geborener Arbeitnehmer geht mit 63 Jahren ab 01.01.2018 mit einem Rentenabschlag von 9,9 Prozent in Rente. Von seiner gesetzlichen Rente in Höhe von beispielsweise 1.500 Euro vor Abschlag werden 148,50 Euro für den Rentenabschlag abgezogen, so dass eine monatliche Bruttorente von 1.351,50 Euro verbleibt.

Höhe des Rentenfreibetrags

Von der ersten vollen Jahresrente in Höhe von 16.461 Euro in 2018 bei Annahme einer Rentensteigerung von 3 Prozent ab 01.07.2018 werden 76 Prozent besteuert, also 12.510 Euro. Der Rest von 3.951 Euro bleibt über die gesamte Rentendauer steuerfrei. Diese 3.951 Euro gelten als der persönliche **Rentenfreibetrag**.

Die erste volle Jahresrente von 16.461 Euro wird also in einen steuerpflichtigen Teil (Besteuerungsanteil) von 12.510 Euro und einen steuerfreien Teil (Rentenfreibetrag) von 3.951 Euro aufgeteilt. Bei einer angenommenen Rentendauer von 20 Jahren liegt der steuerfreie Rentenzufluss bzw. die steuerfreie Rentensumme bei 79.020 Euro.

Allerdings können gesetzlich krankenversicherte Rentner von der zu 12.510 Euro besteuerten Jahresrente noch den Beitrag zur gesetzlichen Kranken- und Pflegeversicherung von beispielsweise 1.827 Euro (= 11,1 Prozent von 16.461 Euro bei kinderlosem Rentner) und die Werbungskostenpauschale von 102 Euro abziehen, so dass letztlich nur 10.581 Euro zu versteuern sind, sofern keine weiteren Alterseinkünfte vorhanden sind.

Alleinstehende müssten zwar Steuern in Höhe von 246 Euro für das Jahr 2018 zahlen, Verheiratete ohne Einkünfte ihres Ehegatten und ohne eigene weitere Alterseinkünfte allerdings nicht. Der steuerliche Grundfreibetrag steigt im Übrigen ab 2018 auf 9.000 Euro für Alleinstehende nach der Grundtabelle und 18.000 Euro für zusammen veranlagte Verheiratete nach der Splittingtabelle.

Wer beispielsweise erst am 01.03.2018 mit 63 Jahren und mit einem Abschlag von 9,9 Prozent in Rente geht, hätte bei sonst gleichen Zahlen wie im obigen Beispiel in 2018 nur eine Rente von 13.758 Euro zu 76 Prozent zu versteuern. Der Rentenfreibetrag wird erst für das Jahr 2019 berechnet, da dann erst die erste volle Jahresrente anfällt. Am Besteuerungsanteil von 76 Prozent ändert sich aber nichts.

Für Renten, die üblicherweise im Laufe eines Jahres und nicht ausnahmsweise am 1. Januar eines Jahres beginnen, gilt also die Regel: Der Besteuerungsanteil in Prozent wird schon im Jahr des Rentenbeginns festgelegt, die Höhe des Rentenfreibetrags in Euro aber erst im darauf folgenden Jahr.

Steuerpflichtige Rentenerhöhungen

Vergangene und künftige Rentenerhöhungen (im Steuerjargon „Rentenanpassungsbeträge" genannt) sind voll steuerpflichtig, da nur der steuerfreie Anteil der ersten vollen Jahresrente und damit der Rentenfreibetrag über die gesamte Rentendauer festgeschrieben werden. Bei einer Steuerkalkulation über die gesamte Rentenlaufzeit sollte man daher die volle Besteuerung von künftigen Rentensteigerungen nicht außer Acht lassen.

Wer sich die Mühe der eigenen Berechnung des Rentenbetrags sparen will, sollte unbedingt vom zuständigen Rentenversicherungsträger (zum Beispiel Deutsche Rentenversicherung) eine **Rentenbescheinigung für die Steuer** kostenlos anfordern. Diese Renten- bzw. Steuerbescheinigung wird Ihnen nur auf ausdrückliche Anforderung zugesandt. Ihren zuständigen Rentenversicherungsträger mit Post- und Mailadresse finden Sie auf Ihrem Rentenbescheid oder Ihrer letzten Rentenanpassungsmitteilung. In den Folgejahren bekommen Sie die Rentenbescheinigung dann automatisch zugesandt.

In dieser Rentenbescheinigung wird nicht nur die Jahresbruttorente angegeben (offiziell „Rentenbetrag" genannt), sondern auch die in dieser Jahresbruttorente enthaltenen bisherigen Rentenerhöhungen („im Rentenbetrag enthaltender Rentenanpassungsbetrag").

Wer seine gesetzliche Rente schon seit mehreren Jahren bezieht, kann die Summe aller bisherigen Rentenerhöhungen bzw. Rentenanpassungsbeträge somit direkt der Rentenbescheinigung entnehmen. Dazu das Originalbeispiel eines Rentners, der bereits im Laufe des Jahres 2004 in Rente gegangen ist. Laut Steuerbescheinigung der Deutschen Rentenversicherung vom 05.01.2018 lag die Jahresbruttorente in 2017 bei 17.771,52 Euro. Darin waren Rentenerhöhungen für die Zeit von 2005 bis 2017 von 2.665,20 Euro enthalten.

Die erste volle Jahresrente in 2005 lag somit bei 15.106,32 Euro (= 17.771,52 Euro Jahresbruttorente in 2017 minus Summe der Rentenerhöhungen von 2.665,20 Euro). Die Rentenerhöhungen machen daher insgesamt 17,6 Prozent der ersten vollen Jahresrente in 2005 bzw. durchschnittlich 1,4 Prozent pro Jahr aus. Dies entspricht auch dem aktuellen Rentenwert West, der von 26,13 Euro in 2005 auf 31,03 Euro ab 01.07.2017 gestiegen ist, also um ebenfalls durchschnittlich 1,4 Prozent pro Jahr.

Der Rentenfreibetrag lag bei 50 Prozent der ersten vollen Jahresrente in 2005 und damit bei 7.553 Euro. Tatsächlich bleiben von der Jahresbruttorente von 17.771 Euro in 2017 also nur 7.553 Euro steuerfrei, während der größere Teil von 10.218 Euro zu versteuern ist. Unter Berücksichtigung der bisherigen Rentensteigerungen werden also nicht 50 Prozent der gesetzlichen Rente besteuert, sondern effektiv bereits 57,5 Prozent (= 10.218 Euro in Prozent der Jahresbruttorente von 17.771 Euro).

Dieser effektive Besteuerungsanteil von 57,5 Prozent zum aktuellen Stand in 2017 würde sich auf 64,4 Prozent erhöhen, wenn die gesetzliche Rente bis zum Jahr 2024 so steigt, wie dies im Rentenversicherungsbericht 2017 der Bundesregierung angenommen wird. Dann wären sogar 13.666 Euro der Jahresrente von 21.219 Euro in 2024 steuerpflichtig.

Es ist daher fahrlässig, die voll zu versteuernden Rentenerhöhungen außer Acht zu lassen und sich nur am Besteuerungsanteil zu orientieren, der über die gesamte Rentenlaufzeit gleich bleibt.

Unter Berücksichtigung der voll steuerpflichtigen Rentenerhöhungen macht der Besteuerungsanteil immer deutlich mehr aus. Dieser effektive Besteuerungsanteil wird mit jeder künftigen Rentenerhöhung weiter steigen. Jede Rentenerhöhung schlägt also direkt auf die effektive Besteuerung durch. Je länger die Rentenlaufzeit dauert, desto stärker steigt die tatsächliche Steuerlast.

Formular Anlage R für Renten

An der Anlage R (Renten) zur Einkommensteuererklärung kommt kein Bezieher einer gesetzlichen Rente vorbei. Vier Zeilen sind dabei besonders zu beachten.

In der Zeile 4 ist bei „**Leibrenten aus inländischen gesetzlichen Rentenversicherungen**" die Zahl „1" für die 1. gesetzliche Rente (zum Beispiel die eigene gesetzliche Rente) einzutragen und nochmals die Zahl „1" für eine evtl. 2. gesetzliche Rente (zum Beispiel Witwen- bzw. Witwerrente bei Tod des Ehegatten).

Der „**Rentenbetrag**" in Zeile 5 ist nichts anderes als die Jahresbruttorente. Wenn die monatliche gesetzliche Rente brutto wie im Beispielfall oben 1.351,50 Euro im 1. Halbjahr 2018 ausmacht und diese gesetzliche

Rente West um 3 Prozent ab 01.07.2018 steigt, errechnet sich eine Jahresbruttorente von 16.461 Euro, wobei dieser Rentenbetrag immer auf volle Euro nach unten abzurunden ist. Die Beiträge zur gesetzlichen Kranken- und Pflegeversicherung werden in der Anlage R nicht berücksichtigt, sondern müssen in der Anlage Vorsorgeaufwand angegeben werden.

In Zeile 6 gehören die bisherigen „**Rentenanpassungsbeträge**". Dies sind alle regelmäßigen Rentenerhöhungen ab dem Jahr, das auf die erste volle Jahresrente folgt. Da die erste volle Jahresrente im Beispielfall ins Jahr 2018 fällt, gibt es noch keinen Rentenanpassungsbetrag. Also sollte in diesem Fall eine „0" eingetragen werden.

Rentenanpassungsbeträge in Zeile 6 sind die Rentenerhöhungen, die nach der ersten vollen Jahresbruttorente (Jahr nach dem Rentenbeginn) bis zum Jahr, für das Sie eine Einkommensteuererklärung einreichen, angefallen sind. Diese Beträge sind der Renten- bzw. Steuerbescheinigung des jeweiligen Versorgungsträgers (zum Beispiel Deutsche Rentenversicherung Bund) zu entnehmen.

Der „**Beginn der Rente**" ist in Zeile 7 einzutragen. Wie bereits erläutert, ist dies nicht der erste tatsächliche Zahltermin (zum Beispiel 30.04.2017 oder später), sondern der Termin (zum Beispiel 01.04.2017), zu dem die gesetzliche Rente erstmals bewilligt wurde. Dieser Bewilligungszeitpunkt ist dem Rentenbescheid zu entnehmen. Von diesem Termin, den Sie als Rentenbeginn in Zeile 7 eintragen, hängt dann die Höhe des Besteuerungsanteils (zum Beispiel 74 Prozent bei Beginn der Rente in 2017) ab.

In Zeile 11 taucht das Wort „**Öffnungsklausel**" auf. Darunter ist die seltene Ausnahme zu verstehen, dass ein Rentner vor dem Jahr 2005 mindestens zehn Jahre lang Rentenbeiträge gezahlt hat, die über dem Höchstbeitrag in der gesetzlichen Rentenversicherung lagen. In diesem Fall wird die gesetzliche Rente aus den „überschießenden" Rentenbeiträgen mit dem günstigeren Ertragsanteil von beispielsweise nur 18 Prozent bei 65-jährigen Rentnern besteuert, während die gesetzliche Rente aus den übrigen Rentenbeiträgen bis zur Höchstbetragsgrenze weiterhin mit dem deutlich höheren Besteuerungsanteil in Abhängigkeit vom Rentenbeginn (zum Beispiel 76 Prozent in 2018) besteuert wird.

Angestellte konnten nur bis Ende 1997 Beiträge aus der **Höherversicherung** zahlen, die über dem Höchstbetrag lagen. Damit diese Angestellten von der Öffnungsklausel profitieren, müssen sie eine Bescheinigung der Deutschen Rentenversicherung vorlegen. Daraus müssen die gezahlten „überschießenden" Beiträge sowie der prozentuale Anteil der gesetzlichen Rente hervorgehen, der auf die Beiträge zur Höherversicherung entfällt, sofern diese über dem Höchstbetrag in der gesetzlichen Rentenversicherung gelegen haben. Der von der Deutschen Rentenversicherung bescheinigte Prozentsatz ist dann in Zeile 11 der Anlage R einzutragen.

Gleiches gilt für ehemalige Freiberufler (zum Beispiel Ärzte, Rechtsanwälte oder Steuerberater), die eine Rente aus der berufsständischen Versorgung erhalten und vor 2005 zehn Jahre lang über dem Höchstbetrag liegende Rentenbeiträge gezahlt haben. Der Höchstbetrag im Versorgungswerk liegt typischerweise so hoch wie in der gesetzlichen Rentenversicherung. Wenn darüber hinaus über mindestens zehn Jahre freiwillige Beiträge ins Versorgungswerk vor 2005 geflossen sind, ist die Öffnungsklausel ebenfalls anwendbar.

Neurentner können den Antrag auf Berücksichtigung der Öffnungsklausel bei Ihrem Finanzamt erst ab Rentenbeginn und mit Abgabe der Einkommensteuererklärung stellen.

Niedrigerer Besteuerungsanteil bei Teilrenten

Die Regelungen zum Besteuerungsanteil bei Rentenbeginn gelten auch für **Teilrenten**. Wer also beispielsweise am 01.07.1955 geboren ist und ab dem 01.07.2018 mit 63 Jahren eine frei wählbare Mini-Teilrente von nur 10 Prozent der Vollrente erhält bei Weiterarbeit zu 80 Prozent der bisherigen Vollzeit bis zum Erreichen seiner Regelaltersgrenze zum 01.04.2021, sichert sich den Besteuerungsanteil von 76 Prozent im Jahr 2018 über die gesamte Rentendauer. Wenn er die volle Regelaltersrente erst ab 2021 bezieht, ändert sich daran nichts. Er spart somit de facto fünf Prozentpunkte, da eine in 2021 beginnende Rente mit einem Besteuerungsanteil von 81 Prozent angesetzt würde.

Mini-Teilrente von 10 Prozent in Kombination mit Teilzeitarbeit

Eine überlegenswerte Alternative zur Vollrente mit Minijob ist ein **Teilzeitjob mit Teilrente**. Hinzuverdienste im Teilzeitjob von mehr als 6.300 Euro im Jahr führen bei Frührentnern ab 01.07.2017 zur Kürzung der Altersvollrente und damit zur neuen Teilrente. Diese Teilrente wird recht kompliziert berechnet. 40 Prozent des über 6.300 Euro liegenden Mehrverdienstes werden durch zwölf Monate geteilt und dann von der Vollrente abgezogen.[15] Zum gleichen Ergebnis kommt man, wenn man 40 Prozent des über 525 Euro im Monat liegenden Mehrverdienstes von der monatlichen Vollrente abzieht.

Beispiel für 18.000 Euro Hinzuverdienst im Jahr: Der Mehrverdienst liegt bei 11.700 Euro. 40 Prozent davon sind 4.680 Euro. Legt man diese 4.680 Euro auf zwölf Monate um, verbleiben noch 390 Euro. Um diese 390 Euro wird dann eine Vollrente von beispielsweise 1.500 Euro gekürzt, so dass schließlich eine vom Hinzuverdienst abhängige Teilrente von monatlich 1.110 Euro brutto übrig bleibt.

Oder etwas einfacher: Der Hinzuverdienst von durchschnittlich 1.500 Euro brutto im Monat übersteigt die monatliche Hinzuverdienstgrenze von 525 Euro um 975 Euro. 40 Prozent davon sind 390 Euro. Also wird die Vollrente um 390 Euro gekürzt.

Was kaum bekannt ist: Um sich die komplizierte Berechnung zu ersparen und eine bessere Planungssicherheit zu haben, können Sie sich als Frührentner aber auch für eine **frei wählbare, vom Hinzuverdienst unabhängige Teilrente** in Höhe von mindestens 10 und höchstens 99 Prozent der Vollrente entscheiden.[16] Aus 1.500 Euro Vollrente würden somit bei 10 Prozent nur 150 Euro Teilrente.

Was auf den ersten Blick widersinnig erscheint, bietet bei näherem Hinsehen mehrere Vorteile. Bei einer Teilrente in Höhe von nur 10 Prozent der Vollrente werden Sie auch nur mit 10 Prozent des fälligen Rentenabschlags belastet, sofern Sie grundsätzlich eine abschlagspflichtige

---

[15] § 34 Abs. 2 und 3 SGB VI: NEU ab 1.7.2017

[16] § 42 Abs. 2 SGB VI: NEU ab 1.7.2017

Frührente beziehen wollen. Außerdem wird der niedrigere Besteuerungsanteil bei Beginn der Frührente festgezurrt und gilt auch für die deutlich höhere Regelaltersrente. Dadurch sparen Sie später Steuern. Mit dem auf ein Zehntel reduzierten Rentenabschlag und den ersparten Steuern ab Erreichen der Regelaltersgrenze schlagen Sie quasi zwei Fliegen mit einer Klappe.

Schließlich sind Sie auch in der Wahl der Teilzeitarbeit völlig frei. Sie können beispielsweise auf eine halbe Stelle gehen oder auf eine 4-Tage-Woche statt vorher 5-Tage-Woche mit 80 Prozent der bisherigen Arbeitszeit. Darüber hinaus erhöht sich auch Ihre Regelaltersrente, da Sie während der Teilzeitbeschäftigung Rentenbeiträge zahlen. Das Plus bei der Regelaltersrente speist sich aus dem deutlich geringeren Rentenabschlag und der zusätzlichen Rente aus den Rentenbeiträgen für die Zeit vom Beginn der Frührente bis zur Regelaltersrente.

In der Begründung des Flexirentengesetzes zur frei gewählten Teilrente von mindestens 10 Prozent der Vollrente ist ausdrücklich von den „individuellen Bedürfnissen der Versicherten nach einer selbstbestimmten Kombination von Erwerbstätigkeit und Rentenbezug" die Rede, denen mit der erstmaligen Einführung der unabhängig vom Hinzuverdienst gewählten Teilrente Rechnung getragen werden soll[17] (dort siehe Seite 41). Die Kombination von Teilrente (zum Beispiel 10 Prozent der Vollrente) und Teilzeitarbeit (zum Beispiel 80 Prozent der Vollzeitarbeit) ist also kein Trick, sondern vom Gesetzgeber so gewollt.

Auch der Sozialbeirat der Bundesregierung begrüßt in seinem Gutachten von November 2016 die unabhängig vom Hinzuverdienst frei wählbare Teilrente von mindestens 10 Prozent der Vollrente. Damit seien die „Verbindung von Teilzeitarbeit und Teilrentenbezug" und ein „gleitender Übergang in den Vollrentenbezug ab Erreichen der Regelaltersgrenze" möglich[18] (dort siehe Seite 26).

---

[17] http://dip21.bundestag.de/dip21/btd/18/097/1809787.pdf
[18] http://www.sozialbeirat.de/files/gutachten_2016_sign.pdf

Spezielle Steuerstrategien für die Beitrags- und Rentenphase

Mit zwei speziellen Steuerstrategien für die Beitrags- und Rentenphase können Sie das Verhältnis von hohem steuerlich abziehbaren Anteil der Rentenbeiträge und im Vergleich dazu noch relativ niedrigem Besteuerungsanteil bei der gesetzlichen Rente zu Ihren Gunsten beeinflussen:

- Frei wählbare Mini-Teilrente von nur 10 Prozent der Vollrente mit 63 Jahren, um niedrigeren Besteuerungsanteil (zum Beispiel 76 Prozent in 2018) auch für den Beginn der Vollrente (zum Beispiel in 2021) zu sichern und darüber hinaus 90 Prozent des Rentenabschlags zu sparen

- Zahlung von Extrabeiträgen zur gesetzlichen Rente (zum Beispiel Ausgleichsbeträge zum Rückkauf von Rentenabschlägen oder freiwillige Beiträge von Nicht-Pflichtversicherten), sofern der steuerlich abzugsfähige Anteil dieser Extrabeiträge (zum Beispiel 86 Prozent in 2018) niedriger liegt als der Besteuerungsanteil der gesetzlichen Rente ab Rentenbeginn (zum Beispiel 80 Prozent in 2020).

Die **Mini-Teilrente von 10 Prozent** ab dem 63. Lebensjahr in Kombination mit Weiterarbeit mit beispielsweise 90 Prozent der bisherigen Vollzeitbeschäftigung ist beispielsweise die eine mögliche Steuerstrategie. Dies gilt insbesondere für den Fall, dass dadurch 90 Prozent des Rentenabschlags eingespart werden und somit ab Bezug der Vollrente ein hoher Rentenfreibetrag entsteht.

Dazu ein **Beispiel**:

*Ein alleinstehender Arbeitnehmer ohne Kind (geboren am 01.07.1955) ist zurzeit vollzeitbeschäftigt und verdient monatlich **5.000 Euro brutto**. Er bezieht ab 01.07.2018 eine Mini-Teilrente von 200 Euro, dies sind 10 Prozent der Vollrente von 2.000 Euro, und kombiniert diese mit einer Weiterarbeit zu 90 Prozent der Vollzeitbeschäftigung. Seine Regelaltersrente ab 01.04.2021 von monatlich 2.115 Euro ohne Annahme von Rentensteigerungen liegt nur 22,50 Euro unter der Regelaltersrente von 2.137,50 Euro bei Weiterarbeit zu 100 Prozent und Verzicht auf eine Teilrente.*

Da bei der erst in 2021 beginnenden Regelaltersrente ein Besteuerungsanteil von 81 Prozent zugrunde gelegt wird, errechnet sich nur ein Renten-

freibetrag von 4.874 Euro (= 19 Prozent von 25.650 Euro Jahresbruttoren-
te). Dies sind immerhin 710 jährlich Euro weniger im Vergleich zum Renten-
freibetrag von 5.584 Euro bei Beginn der Teilrente in 2018 und einem Be-
steuerungsanteil von nur 76 Prozent. Bei einer angenommenen Rentendau-
er von 20 Jahren werden also 14.200 Euro weniger steuerfrei gestellt. Im
Umkehrschluss heißt dies: Das Vorziehen der Mini-Teilrente in 2018 be-
schert somit einen um fünf Prozentpunkte geringeren Besteuerungsanteil
sowie einen um jährlich 710 Euro höheren Rentenfreibetrag.

Ein zweites Beispiel sind Extrabeiträge zur gesetzlichen Rente. Wer beispielsweise am 01.01.1958 geboren ist und als Nicht-Pflichtversicherter bis zum Erreichen der Regelaltersgrenze von 66 Jahren ab 01.01.2024 insgesamt sechs Jahre lang **freiwillige Beiträge zur gesetzlichen Rente** in 2018 bis 2023 zahlt, kann im Schnitt 91 Prozent seiner freiwilligen Beiträge steuerlich absetzen. Beim Rentenbeginn in 2024 sind aber nur 84 Prozent der gesetzlichen Rente aus freiwilligen Beiträgen steuerpflichtig. Dies sind immerhin sieben Prozentpunkte weniger.

Noch etwas günstiger sieht dies für fünf Jahresbeiträge in 2018 bis 2022 und einem Rentenbeginn in 2023 aus. Dem steuerlich abzugsfähigen Beitragsanteil von im Durchschnitt 90 Prozent steht nur ein Besteuerungsanteil von 82 Prozent gegenüber. Also liegt der steuerliche Vorteil in diesem Fall bei acht Prozentpunkten.

Wer jedoch die fünf günstigen Rentenjahre von 2018 bis 2022 für die Zahlung von freiwilligen Beiträgen nutzt und erst in 2030 in Rente geht, geht steuerlich plus minus Null aus. Gleiches gilt für den Ausgleichsbetrag für den Rückkauf von Rentenabschlägen in Form von fünf Teilzahlungen über die Jahre 2018 bis 2022.

Zur Doppelbesteuerung von gesetzlichen Renten aus Extrabeiträgen käme es bei den Jahrgängen ab 1964, die erst mit 67 Jahren ab 2031 in Rente gehen und freiwillige Beiträge oder Teilzahlungen des Ausgleichsbetrages nur in den Jahren 2018 bis 2022 leisten. Dem Besteuerungsanteil von 91 Prozent stünde nun der steuerlich abzugsfähige Beitragsanteil von durchschnittlich 90 Prozent gegenüber.

Bei der vorzeitigen abschlagspflichtigen Frührente mit 63 Jahren schon in 2029 entstünde wiederum ein kleiner steuerlicher Vorteil, da nun der Besteuerungsanteil der Rente auf 89 Prozent und damit einen Prozentpunkt unter den steuerlich abzugsfähigen Beitragsanteil von 90 Prozent sinkt.

Maxi-Teilrente von 99 Prozent in Kombination mit freiwilligen Beiträgen

Ab 01.07.2017 frei wählbare Teilrenten dürfen mindestens 10 Prozent (siehe obige Mini-Teilrente) und höchstens 99 Prozent der Vollrente (also Maxi-Teilrente) ausmachen. Die Prozentsätze müssen immer glatt aufgehen. Eine gewünschte Teilrente von beispielsweise 18,5 Prozent ist nicht erlaubt.

Kaum zu glauben, aber wahr: Selbst nach Erreichen der Regelaltersgrenze kann man noch statt der abschlagsfreien Altersvollrente (üblicherweise als Regelaltersrente bezeichnet) eine Teilrente wählen in Höhe von 10 bis 90 Prozent der Vollrente.

Auch dies sieht nur auf den ersten Blick unsinnig aus. Wer sich zum Beispiel für eine Maxi-Teilrente von 99 Prozent entscheidet, kann auch nach Überschreiten des regulären Rentenalters weiter freiwillige Beiträge zur gesetzlichen Rente zahlen und damit ein künftiges Rentenplus erhalten. Dies macht Sinn, wenn infolge einer Erbschaft oder Ablaufleistung aus einer Kapital-Lebensversicherung erhebliche finanzielle Mittel zufließen. Gerade in der anhaltenden Niedrigzinsphase lohnt es sich, diese frei werdenden Mittel in freiwillige Beiträge zur gesetzlichen Rente zu investieren.

Wenn die Regelaltersrente ab 01.01.2018 für einen im Juni 1952 geborenen Neurentner monatlich brutto 2.000 Euro ausmachen würde, verzichtet der Maxi-Teilrentner nur auf monatlich 20 Euro. Bei Zahlung des freiwilligen Höchstbeitrags von 14.508 Euro in 2018 gewinnt dieser Teilrentner bereits 2,0595 Entgeltpunkte im Westen hinzu, was zu einem Rentenplus von 63,91 Euro brutto führt. Hinzu kommt darauf noch ein Rentenzuschlag von 6 Prozent für jedes Jahr, also in diesem Fall 3,84 Euro. Falls er die Vollrente nun ein Jahr später ab 01.01.2019 bezieht, erhält er eine monatliche Bruttorente von 2.067,75 Euro (= 2.000 Euro zuzüglich Rentenplus von 67,75 Euro).

Selbstverständlich kann der Maxi-Teilrentner die Zahlung von freiwilligen Beiträgen auch über ein Jahr hinaus fortsetzen, beispielsweise bis zum vollendeten 67. Lebensjahr im Juni 2019 oder gar bis zum Erreichen des 68. oder 69. Lebensjahres. Das Rentenplus steigert sich dann nicht nur aufgrund der weiter gezahlten freiwilligen Beiträge, sondern auch durch den weiter bis auf 21 Prozent ansteigenden Rentenzuschlag bei Bezug der Vollrente erst ab 01.07.2021.

Legal ist diese Maxi-Teilrente von 99 Prozent nach Überschreiten der Regelaltersrente allemal. Der Grund: Eine freiwillige Versicherung ist laut Sechstem Sozialgesetzbuch nur „nach einer bindenden Bewilligung einer Vollrente wegen Alters" unzulässig. Im Umkehrschluss heißt das: Wer noch keine Altersvollrente bezieht, darf weiterhin freiwillige Beiträge zur gesetzlichen Rente zahlen.

Nur Vollrentner werden somit von der freiwilligen Versicherung ausgeschlossen. Alle Renten, also auch die reguläre Altersrente nach Erreichen der Regelaltersgrenze, kann man als Vollrente oder als Teilrente beziehen. Daraus folgt unmittelbar, dass auch Teilrentner nach Erreichen der Regelaltersgrenze noch freiwillige Beiträge zahlen können.

Höherer oder niedrigerer Rentenfreibetrag bei Änderungen der Rentenhöhe

In den meisten Fällen bleibt der einmal festgelegte Rentenfreibetrag während der gesamten Rentendauer unverändert. Er kann aber nachträglich erhöht oder vermindert werden, wenn sich die grundsätzliche Höhe der gesetzlichen Rente ändert. Gemeint sind damit nicht die regelmäßigen Rentensteigerungen zum 1. Jul eines Jahres (sog. Rentenanpassungsbeträge).

Die Höhe der gesetzlichen Rente kann sich aber grundsätzlich erhöhen in folgenden Fällen:

- Nachträgliche Mütterrente für vor 1992 geborene Kinder
- Übergang von der Teilrente (zum Beispiel Teilrente von 10 bis 99 Prozent) zur Vollrente

- Höhere Witwenrente wegen gesunkenen eigenen Einkommens der Witwe (zum Beispiel eigene Altersrente statt Bruttogehalt nach Eintritt in den Ruhestand).

In diesen drei Fällen wird der Rentenfreibetrag vom Finanzamt neu berechnet und erhöht. Er wird in dem Verhältnis erhöht, in dem die neue höhere Jahresbruttorente zur bisherigen ersten vollen Jahresbruttorente steht. Zwischenzeitlich erfolgte regelmäßige Rentenanpassungen werden dabei nicht berücksichtigt (siehe BMF-Schreiben vom 13.09.2010, Tz. 172)[19].

Mütterrente erhöht die Rente und den Rentenfreibetrag

Dazu das Beispiel einer Mütterrente für eine Rentnerin mit zwei vor 1992 geborenen Kindern, die ihre erste volle Jahresrente in Höhe von 10.974 Euro bereits im Jahr 2005 bezog und einen ursprünglichen Rentenfreibetrag von 5.487 Euro (= 50 Prozent von 10.974 Euro hatte). Im Jahr 2017 bezog sie eine Bruttojahresrente von 13.648 Euro.

Das Finanzamt muss seit 01.07.2014 für zwei vor 1992 geborene Kinder zwei zusätzliche Entgeltpunkte berücksichtigen. Dies waren nach dem Stand in 2005 jährlich 627 Euro (= aktueller Rentenwert West 26,13 Euro in 2005 x 2 Kinder x 12 Monate). Also lag die fiktive erste volle Jahresrente in 2015 bei 11.601 Euro (= 10.974 Euro bisher plus Mütterrente 627 Euro). Da der Besteuerungsanteil von damals 50 Prozent gleich bleibt, errechnet sich daraus ein neuer Rentenfreibetrag von 5.801 Euro (= 50 Prozent von 11.601 Euro).

Im Jahr 2017 werden also 7.847 Euro (= Bruttojahresrente 13.648 Euro minus neuer Rentenfreibetrag 5.801 Euro) versteuert. Die Differenz von 2.047 Euro (= Bruttojahresrente 13.648 Euro in 2017 minus fiktive erste volle Jahresrente von 11.601 Euro in 2005) stellt die Summe aller Rentensteigerungen von 2005 bis 2017 dar, die voll versteuert wird.

---

[19] https://datenbank.nwb.de/Dokument/Anzeigen/376206/

Wechsel von Teil- zu Vollrente erhöht die Rente und den Rentenfreibetrag

Wer von der Teilrente nach Erreichen der Regelaltersgrenze oder noch später in die Altersvollrente wechselt, zurrt zwar den niedrigeren Besteuerungsanteil bei Bezug der Teilrente für die gesamte Rentendauer fest.

Ab Bezug der Vollrente erhöht sich die gesetzliche Rente aber kräftig, was eine Neuberechnung mit Erhöhung des Rentenfreibetrags notwendig macht.

Geringeres Einkommen erhöht Witwenrente und Rentenfreibetrag

Wenn eine Witwe ein geringeres eigenes Einkommen hat, weil sie nach Eintritt in den Ruhestand eine eigene gesetzliche Rente statt des deutlich höheren Gehalts bekommt, ändert sich auch die Berechnung der Witwenrente. Infolge des gesunkenen eigenen Einkommens steigt die vorher stark gekürzte Witwenrente. Dies führt dann auch zu einem höheren Rentenfreibetrag bei der Witwenrente.

Ähnliches gilt für Witwer. Nicht selten fällt die Witwerrente wegen eines zu hohen Bruttogehalts ganz fort und wird zur „Null-Rente". Dennoch macht es Sinn, einen Antrag auf Witwerrente zu stellen, um sich den niedrigeren Besteuerungsanteil zu sichern. Wenn die Witwerrente wegen der im Vergleich zum letzten Bruttogehalt deutlich geringeren eigenen gesetzlichen Rente wieder auflebt, bleibt dieser niedrige Besteuerungsanteil weiter bestehen. Nur der Rentenfreibetrag, der vorher bei Null Euro lag, wird nun nach oben angepasst.

Verminderung des Rentenfreibetrags in Sonderfällen

Der Rentenfreibetrag kann aber nachträglich auch vermindert werden in folgenden Fällen:

- Kürzung einer Witwenrente wegen gestiegenen eigenen Einkommens
- Wegfall einer Rente wegen zu hohen Einkommens (sog. Null-Rente).

Besteuerungsanteil bei Wechsel der Rentenart

In der gesetzlichen Rentenversicherung unterscheidet man grundsätzlich folgende drei Rentenarten:

1. Altersrente
2. Erwerbsminderungsrente (voll oder halb)
3. Hinterbliebenenrente (Witwen- bzw. Witwerrente sowie Halb- bzw. Vollwaisenrente).

In bestimmten Fällen kommt es dann zum Wechsel der Rentenart oder innerhalb einer Rentenart:

- Altersrente folgt auf eine Erwerbsminderungsrente
- volle folgt auf halbe Erwerbsminderungsrente oder umgekehrt
- große folgt auf kleine Witwen- bzw. Witwerrente.

Da es sich bei diesen Wechseln immer um Renten aus derselben Versicherung handelt, die auf demselben Rentenstammrecht beruhen (erkennbar auch an der gleichbleibenden Versicherungsnummer, die das Geburtsdatum des Versicherten enthält), ändert sich dadurch nicht der Besteuerungsanteil.

Beispiel beim Wechsel einer Erwerbsminderungsrente in eine Altersrente: Der niedrigere Besteuerungsanteil ab Bezug der Erwerbsminderungsrente beispielsweise ab dem 55. Lebensjahr bleibt auch nach Bezug der Regelaltersrente weiter bestehen. Allerdings erhöht sich der Rentenfreibetrag, da die Altersrente typischerweise höher liegt als die Erwerbsminderungsrente.

Besteuerungsanteil und Rentenfreibetrag bei Erwerbsminderungsrenten

Erwerbsminderungsrenten bei eingetretener voller oder halber Erwerbsminderung werden steuerlich wie Altersrenten aus der gesetzlichen Rentenversicherung behandelt. Die Höhe des Besteuerungsanteils hängt vom Rentenbeginn ab. Die Erwerbsminderungsrente beginnt grundsätzlich mit dem auf den Eintritt der Erwerbsminderung folgenden Monat. Wird der Rentenantrag später als drei Monate nach Eintritt der Erwerbsminderung gestellt, beginnt die Rente erst mit dem Antragsmonat.

Ist die Erwerbsminderung beispielsweise im November 2017 eingetreten, liegt der **Besteuerungsanteil** noch bei 74 Prozent. Der Rentenfreibetrag wird dann mit 26 Prozent der Erwerbsminderungsrente von Januar bis Dezember 2018 angesetzt. Sofern diese bei 12.000 Euro im Jahr 2018 liegen würde, macht der Rentenfreibetrag 3.120 Euro aus und nur 8.880 Euro werden steuerpflichtig.

Sofern dieser neue Erwerbsminderungsrentner alleinstehend ist und keine weiteren Alterseinkünfte hat, fällt aber keine Steuer an, da die steuerlichen Renteneinkünfte bereits vor Abzug der Werbungskosten- und Sonderausgabenpauschale von zusammen 138 Euro den steuerlichen Grundfreibetrag von 9.000 Euro unterschreiten.

Erwerbsminderungsrenten werden grundsätzlich befristet, und zwar längstens für drei Jahre. Wird die Rente verlängert, gilt der bisherige **Rentenfreibetrag** weiter. Der Rentenfreibetrag wird aber neu berechnet, wenn eine Rente wegen teilweiser Erwerbsminderung (sog. halbe Erwerbsminderungsrente) später in eine Rente wegen voller Erwerbsminderung (sog. volle Erwerbsminderungsrente) umgewandelt wird. Allerdings bleibt der Besteuerungsanteil weiterhin bestehen.

Wenn die Erwerbsminderungsrente nach Erreichen der Regelaltersgrenze in eine Altersrente umgewandelt wird, gilt im Prinzip dasselbe. Da es sich um eine Folgerente aus derselben Versicherung handelt, bleibt es beim niedrigeren Besteuerungsanteil und nur der Rentenfreibetrag wird neu festgesetzt.

Besteuerungsanteil und Rentenfreibetrag bei Hinterbliebenenrenten

Hinterbliebenrenten (offiziell als „Renten wegen Todes" bezeichnet) werden bei Tod des Versicherten unter bestimmten Voraussetzungen an Familienangehörige wie den überlebenden Ehegatten oder an Kinder bis höchstens zum 25. Lebensjahr gezahlt. Es gibt daher Witwen-, Witwer-, Halbwaisen- und Vollwaisenrenten.

Alle Hinterbliebenenrenten sind abgeleitete Folgerenten, sofern der Verstorbene bereits eine Alters- oder Erwerbsminderungsrente bezogen hat. Sie beruhen auf ein und demselben Rentenstammrecht. Praktisch tritt die oder der Hinterbliebene in die Fußstapfen des Verstorbenen. Sie oder er erben nach dieser **Fußstapfentheorie** quasi auch den **günstigeren Besteuerungsanteil des Verstorbenen** und behalten auch dessen Versicherungsnummer für die Hinterbliebenenrente bei.

Unter den Witwen- bzw. Witwerrenten sowie Halb- und Vollwaisenrenten kommt die **Witwenrente** mit Abstand am häufigsten vor, da Frauen ihren Ehemann sehr viel häufiger überleben als umgekehrt und Witwen meist ein deutlich geringeres eigenes Einkommen im Vergleich zu Witwern haben.

Wenn der verstorbene Ehemann beispielsweise schon 2010 in Rente gegangen ist mit einem Besteuerungsanteil von 60 Prozent, bleibt dieser Besteuerungsanteil für die Witwenrente beim Tod des Ehegatten in 2018 bestehen. Statt 76 Prozent bei einer eigenen Altersrente werden also nur 60 Prozent der Witwenrente besteuert.

Die große Witwenrente ab dem 45. bis 47. Lebensjahr beträgt 60 Prozent der Alters- bzw. Erwerbsminderungsrente des Verstorbenen bzw. der fiktiven Erwerbsminderungsrente bei Tod vor Eintritt in den Ruhestand, wenn die Heirat schon vor dem 01.01.2002 bestand und einer der beiden Ehepartner vor dem 01.01.1962 geboren ist. In allen anderen Fällen liegt die Witwenrente bei 55 Prozent der Alters- bzw. Erwerbsminderungsrente des verstorbenen Ehegatten.

Der **Rentenfreibetrag** errechnet sich aus der ersten, über ein ganzes Jahr bezogenen Witwenrente. Lag die Altersrente des in 2018 Verstorbenen beispielsweise bei monatlich 1.500 Euro, könnte die Witwenrente bei 900 Euro liegen, sofern der alte Satz von 60 Prozent gilt und das eigene Nettoeinkommen der Witwe nicht über dem **Witwen-Freibetrag** von 819,19 Euro im Westen liegt.

In diesem Beispielfall (Besteuerungsanteil von 60 Prozent für die ab 2010 bezogene Altersrente des verstorbenen Ehemanns, 60 Prozent Witwenrente, eigenes Nettoeinkommen der Witwe unter 819 Euro) läge der Rentenfreibetrag bei 4.320 Euro (= steuerfreier Anteil 40 Prozent von 10.800 Euro Witwenrente) im Jahr 2018 ohne Annahme von Rentensteigerungen.

Bei eigenem Nettoeinkommen der Witwe unter 819,19 Euro wird die Witwenrente also nicht gekürzt. Liegt das eigene Einkommen jedoch relativ hoch, wird die Witwenrente gekürzt und kann sogar völlig wegfallen.

Recht häufig wird die Witwenrente nur um einen kleinen Teil gekürzt, da das eigene Nettoeinkommen der Witwe (zum Beispiel selbst aufgebaute gesetzliche Rente oder Arbeitslohn) nur geringfügig über dem Witwen-Freibetrag von 819,19 Euro im Westen liegt. Dieser Freibetrag wird aus dem 26,4-fachen aktuellen Rentenwert West berechnet. Bei einem aktuellen Rentenwert von 31,03 Euro ab 01.07.2017 kommen so die genannten 819,19 Euro heraus.

Eine vollständige Kürzung der Witwenrente bis auf Null Euro kommt dann vor, wenn das eigene Nettoeinkommen der Witwe so hoch liegt, dass 40 Prozent des über dem Freibetrag von rund 819 Euro liegenden Mehreinkommens sogar über der Witwenrente vor Einkommensanrechnung liegen.

Aber auch bei einer zu erwartenden „Nullrente" sollte man den Antrag auf Witwenrente stellen, um völlige Klarheit zu bekommen. Unabhängig davon steht jeder Witwe die volle Rente des Verstorbenen für die auf den Sterbemonat folgenden drei Monate zu (sog. Sterbevierteljahr). Dieser Antrag sollte daher auf jeden Fall gestellt werden.

Falsch ist das Gerücht, Pensionärinnen bekämen grundsätzlich keine Witwenrente, da sie selbst schon eine Beamtenpension erhielten. Oder die Annahme, hinterbliebene Ehefrauen von gut verdienenden Beamten oder Pensionären mit einer zusätzlichen gesetzlichen Rente gingen bei der Witwenrente immer leer aus.

Es kann auch sein, dass sich eine anfängliche Nullrente später in eine gekürzte Witwenrente verwandelt. Dies ist beispielsweise dann der Fall, wenn ein hohes Einkommen in der Beschäftigtenphase beim Übergang in die Rente rapide sinkt. Die nun deutlich geringere gesetzliche Rente wird zwar auch dann noch den Witwenfreibetrag überschreiten, so dass die neu berechnete Witwenrente gekürzt wird. Zur Nullrente wird es aber mit ziemlicher Sicherheit nicht mehr kommen.

Wichtig: Bei Witwenrenten nach altem Recht werden nur eigene Gehälter oder eigene gesetzliche Renten bzw. Beamtenpensionen angerechnet. Wer jedoch eine Witwenrente nach neuem Recht erhält, weil er erst ab 2002 geheiratet hat oder weil beide Ehegatten im Falle einer Heirat vor 2002 nach dem 1.1.1962 geboren wurden, muss sich auch alle anderen Einkommen wie Betriebsrenten, Rürup-Renten, Renten aus der privaten Renten-, Berufs- oder Erwerbsunfähigkeitsversicherung sowie Zins- und Mieteinkünfte anrechnen lassen. Nur die Riester-Rente bleibt auch nach dem neuen Recht außen vor. Sämtliche Aussagen zur Witwenrente treffen selbstverständlich auch für Witwerrenten zu.

Renten aus berufsständischen Versorgungswerken

Rund 140.000 ehemalige Freiberufler mit berufsständischer Versorgung (zum Beispiel Ärzte, Apotheker, Architekten, Rechtsanwälte oder Steuerberater) beziehen eine berufsständische Rente. Insgesamt gibt es 89 Versorgungswerke mit rund einer Million Mitgliedern in kammerfähigen Berufen. Rund 400.000 sind als Freiberufler selbstständig tätig und rund 600.000 als Arbeitnehmer in freiberuflichen Praxen beschäftigt.

Die Altersrente aus der berufsständischen Versorgung (Altersruhegeld) liegt in aller Regel deutlich über der Altersrente aus der gesetzlichen Rentenversicherung und wird auch anders berechnet.

Unabhängig von der Höhe und der Berechnung dieses Altersruhegeldes bzw. dieser Freiberufler-Rente gelten hierfür aber die gleichen steuerlichen Regeln wie bei der gesetzlichen Rentenversicherung. Besteuerungsanteil und Rentenfreibetrag werden also genau so berechnet.

In Zeile 1 der Anlage R ist für eine Rente aus der berufsständischen Versorgung die Ziffer 3 einzutragen, in Zeile 5 der Rentenbetrag (Jahresbruttorente), in Zeile 6 die Rentenanpassungsbeträge (bisherige Rentenerhöhungen) und in Zeile 7 der Rentenbeginn.

Sofern vor 2005 mindestens zehn Jahre lang Beiträge oberhalb des Höchstbeitrags in der gesetzlichen Rentenversicherung an das Versorgungswerk gezahlt wurden, ist in Zeile 11 der Anlage R der Prozentsatz einzutragen, der laut Bescheinigung des Versorgungswerks auf die berufsständische Rente aus diesen überschießenden Beiträgen entfällt. Dann wird dieser Teil der berufsständischen Rente nur mit dem geringen Ertragsanteil von beispielsweise 18 Prozent bei 65-jährigen Neurentnern besteuert.

Renten aus landwirtschaftlichen Alterskassen

Die Alterssicherung der Landwirte versichert landwirtschaftliche Unternehmer sowie Ehegatten und mithelfende Familienangehörige. Arbeitnehmer in der Landwirtschaft sind jedoch in der gesetzlichen Rentenversicherung pflichtversichert.

Ende 2015 gab es insgesamt 362.000 Regelaltersrentner, 166.000 Witwen- bzw. Witwerrentner und 31.000 Erwerbsminderungsrentner, die 65 Jahre und älter waren. Die durchschnittliche Altersrente lag im Westen nur bei rund 400 Euro und im Osten bei 175 Euro, da die Alterssicherung der Landwirte nur eine Teilsicherung darstellt und durch Zusatzsicherungen ergänzt wird.

Auch die Renten aus der Alterssicherung der Landwirte werden wie die gesetzlichen Renten nachgelagert besteuert. Alle Steuerregeln über die Berechnung von Besteuerungsanteil und Rentenfreibetrag gelten auch hier. In Zeile 1 der Anlage R ist für die Altersrente aus der Alterssicherung die Ziffer 2 einzutragen und in den Zeilen 5, 6 und 7 der Rentenbetrag, die Rentenanpassungsbeträge und der Beginn der Rente aus der Alterssicherung der Landwirte.

Rürup-Renten

Rund zwei Millionen Selbstständige, Arbeitnehmer oder Beamte zahlen Beiträge in die private kapitalgedeckte Basisrente, die von Professor Bert Rürup mit Inkrafttreten des Alterseinkünftgesetzes ab 01.01.2005 aus der Taufe gehoben wurde und daher üblicherweise als Rürup-Rente bezeichnet wird.

Die Anzahl der Rürup-Rentner ist nicht bekannt. Sie dürfte aber zurzeit noch relativ gering sein, da Rürup-Beiträge erst ab 2005 eingezahlt werden können. Auch für Rürup-Renten gelten die gleichen Steuerregeln wie für die gesetzlichen Renten, da die Rürup-Rente dieser im Prinzip nachgebildet ist. Sie unterscheidet sich von der gesetzlichen Rente dadurch, dass sie immer freiwillig statt verpflichtend sowie kapitalgedeckt statt umlagefinanziert ist.

In Zeile 1 der Anlage R ist für die Rente aus einem zertifizierten Basisrentenvertrag (Rürup-Rente) die Ziffer 4 einzutragen und in den Zeilen 5,

6 und 7 der Rentenbetrag, die Rentenanpassungsbeträge und der Beginn der Rürup-Rente.

3.2. Steuern auf Betriebsrente, Zusatzrente und Riester-Rente

Betriebsrenten in der Privatwirtschaft, Zusatzrenten im öffentlichen und kirchlichen Dienst und Riester-Renten werden nicht einheitlich besteuert, obwohl sie alle zur zweiten Schicht der Altersvorsorgung zählen.

Sie tauchen zwar alle auf Seite 2 der Anlage R auf, doch an insgesamt unterschiedlichen Stellen. Da ein Laie diese unterschiedliche Besteuerung kaum nachvollziehen kann, müssen alle Unternehmen, die Zahlungen aus der betrieblichen Altersversorgung, Zusatzversorgung im öffentlichen und kirchlichen Dienst oder aus Altersvorsorgeverträgen (Riester-Verträgen) erbringen, **Leistungsmitteilungen** verwenden, deren Vordruckmuster von der Finanzverwaltung vorgegeben werden.

Diese Leistungsmitteilungen enthalten 14 Nummern. Darauf beziehen sich die Zeilen 31 bis 49 auf der Rückseite von Anlage R. Der Betriebs-. Zusatz- oder Riester-Rentner muss also nur diese Leistungsmitteilung der Anlage R beifügen und die Höhe des jeweiligen Jahresrentenbetrages in der richtigen Zeile eintragen.

Bei den wichtigsten Nummern 1 und 4 der Leistungsmitteilung, zu denen die jeweiligen Renten in den Zeilen 31 und 36 der Anlage R einzutragen sind, handelt es sich beispielsweise um die beiden folgenden Gruppen von Renten:

- Gruppe A laut Nummer 1 der Leistungsmitteilung und Zeile 31 der Anlage R: Betriebsrenten (aus geförderten bzw. steuerfreien Beträgen bei einer Direktversicherung, Pensionskasse oder einem Pensionsfonds), kapitalgedeckt finanzierte Zusatzrenten (zum Beispiel aus geförderten bzw. steuerfreien Beträgen bei der VBL-Zusatzrente Ost) oder Riester-Renten aus einem zertifizierten Altersvorsorgevertrag
- Gruppe B laut Nummer 4 der Leistungsmitteilung und Zeile 38 der Anlage R: Betriebsrenten (mit vor 2005 erteilter Versorgungszusage

65

aus nicht geförderten bzw. steuerpflichtigen Beiträgen bei einer Direktversicherung, Pensionskasse oder einem Pensionsfonds), umlagefinanzierte Zusatzrenten (zum Beispiel VBL-Zusatzrente West) oder Riester-Renten aus nicht geförderten Beiträgen.

Bei der Besteuerung wird der wesentliche Unterschied zwischen diesen beiden Gruppen deutlich: Betriebs-, Zusatz- und Riester-Renten der Gruppe A aus geförderten bzw. steuerfreien Beiträgen werden in vollem Umfang besteuert, also zu 100 Prozent. Im Gegensatz dazu werden Betriebs-, Zusatz- und Riester-Renten der Gruppe B aus ungeförderten bzw. steuerpflichtigen Beiträgen nur mit dem Ertragsanteil von beispielsweise 18 Prozent bei Rentenbeginn mit 65 oder 66 Jahren besteuert.

Steuern auf Betriebsrenten

Betriebsrenten werden grundsätzlich nachgelagert besteuert. Dies gilt insbesondere für Betriebsrenten aus steuer- und sozialabgabenfreier Entgeltumwandlung. Da der Arbeitgeber als Versicherungsnehmer die vom Gehalt des Arbeitnehmers einbehaltenen Beträge bis zu maximal 260 Euro brutto monatlich im Jahr 2018 an die Versorgungseinrichtung überweist, muss der Arbeitnehmer diese Betriebsrente später im Ruhestand voll versteuern. Ab 2018 sind sogar Beiträge von 520 Euro gleich 8 Prozent der Beitragsbemessungsgrenze in der gesetzlichen Rentenversicherung in Höhe von 6.500 Euro steuerfrei, aber nur zur Hälfte sozialabgabenfrei.

Die volle Besteuerung einer solchen Betriebsrente aus Entgeltumwandlung ist steuersystematisch völlig richtig. Schließlich hat der Arbeitnehmer den Umwandlungsbetrag in der Aktivphase auch steuerlich in vollem Umfang abziehen können. Dieses Prinzip der nachgelagerten Besteuerung gilt im Übrigen auch für die betriebliche Riester-Rente, bei der die Summe aus Zulage und eventueller zusätzlicher Steuerersparnis mit einem vollen steuerlichen Abzug gleichzusetzen ist.

Die Entgeltumwandlung erfolgt über die drei Durchführungswege Direktversicherung, Pensionskasse oder Pensionsfonds. Wenn Arbeitnehmer aus dem Betrieb ausscheiden und nach ihrem Ausscheiden ihre Direktversicherung privat fortführen und sich als neue Versicherungsnehmer eintragen lassen, wird der darauf entfallende Teil der Rente jedoch nur mit dem geringeren Ertragsanteil besteuert, da die dafür vom Arbeitnehmer aufgebrachten Beiträge nicht steuerlich abzugsfähig waren. Damit werden diese Rentenanteile mit Privatrenten aus privaten Rentenversicherungen steuerlich gleichgestellt (siehe das folgende Kapitel 3.3).

Ob das Gleiche auch für die private Fortführung eines Vertrags über die Pensionskasse gilt, hat das Bundesverfassungsgericht noch nicht entschieden. Laut Urteil des Bundessozialgerichts soll auch die auf dem privat fortgeführten Teil beruhende Rente voll versteuert werden.

Die Betriebsrente im engeren Sinne aus einer Direktversicherung, Pensionskasse oder einem Pensionsfonds zählt zu den Renteneinkünften, die in der Anlage R auf Seite 2 anzugeben und voll zu versteuern sind. Davon ist die Werks- bzw. Betriebspension aus einer Pensions- bzw. Direktzusage oder einer betrieblichen Unterstützungskasse zu unterscheiden, die steuerlich wie nachträgliche Einkünfte aus nichtselbstständiger Arbeit behandelt werden und daher in Anlage N einzutragen sind. Bei Erfüllung bestimmter Bedingungen zählen diese Werks- bzw. Betriebspensionen zu den Versorgungsbezügen und werden dann wie Beamtenpensionen besteuert (siehe Kapitel 4.3).

Die Betriebsrenten laut Seite 2 der Anlage R sind wiederum danach zu unterscheiden, ob sie nach § 3 Nr. 63 EStG steuerlich gefördert, nur teilweise steuerlich gefördert oder überhaupt nicht steuerlich gefördert sind. Liegt eine steuerliche Förderung bzw. komplette Steuerfreistellung der Beiträge in der Beitragsphase vor, werden die Betriebsrenten in voller Höhe besteuert.

Im Gegensatz dazu werden Betriebsrenten aus nicht steuerlich geförderten und damit versteuerten Beiträgen nur mit dem geringeren Ertragsanteil besteuert.

Betriebsrenten aus teils geförderten und teils nicht geförderten Beiträgen werden entsprechend in einen voll steuerpflichtigen und einen lediglich mit dem Ertragsanteil zu besteuernden Anteil aufgeteilt, also zu 100 Prozent bei steuerfreien Beiträgen oder beispielsweise nur zu 18 Prozent bei versteuerten Beiträgen. Bei der Aufteilung wird das sog. **beitragspro-**

portionale Verfahren angewandt, also eine Aufteilung proportional zu den geförderten bzw. nicht geförderten Beiträgen vorgenommen.

Die Aufteilung übernimmt die Versorgungseinrichtung, nachdem ihr vom Arbeitgeber mitgeteilt wird, wie die Beiträge in der Ansparphase steuerlich behandelt wurden. Der Betriebsrentner erhält dann von der Versorgungseinrichtung eine Leistungsmitteilung („Mitteilung über steuerpflichtige Leistungen aus einem Altersvorsorgevertrag oder aus einer betrieblichen Altersversorgung") mit Hinweisen zum Übertrag in Anlage R. Diese Leistungsmitteilungen dienen dem Betriebsrentner quasi als Ausfüllhilfen.

Steuern auf Zusatzrenten

Bei den Zusatzrenten im öffentlichen und kirchlichen Dienst muss zwischen kapitalgedeckt finanzierten und umlagefinanzierten Zusatzrenten unterschieden werden. Nur Zusatzrenten aus einer kapitalgedeckten Finanzierung werden steuerlich wie Betriebsrenten aus einer Direktversicherung, Pensionskasse oder einem Pensionsfons behandelt somit in voller Höhe besteuert.

Umlagefinanzierte Zusatzrenten (zum Beispiel VBL-Zusatzrente im Tarifgebiet West) wurden bis Ende 2007 steuerlich wie Privatrenten behandelt und nur mit ihrem Ertragsanteil besteuert, da die dafür in der Aktivphase aufgebrachten Umlagen nicht steuerlich abzugsfähig waren.

Seit dem Jahr 2008 wird jedoch auch für die umlagefinanzierte Zusatzversorgung (zum Beispiel die VBL-Zusatzrente West) die nachgelagerte Besteuerung stufenweise eingeführt. Im Gegenzug werden die Umlagen in der aktiven Phase stufenweise von der Steuer freigestellt, zum Beispiel mit 1 Prozent der Beitragsbemessungsgrenze von 2008 bis 2013 und 2 Prozent der Beitragsbemessungsgrenze in der gesetzlichen Rentenversicherung von 2014 bis 2019. Im Jahr 2018 bleiben daher monatlich 130 Euro (= 2 Prozent von 6.500 Euro) steuerfrei.

Von 2020 bis 2024 steigt der steuerfreie Anteil der Umlage auf 3 Prozent und ab 2025 auf den Höchstsatz von 4 Prozent der Beitragsbemessungsgrenze. Soweit die umlagefinanzierte Zusatzrente auf diesen steuerfreien Beträgen beruht, ist sie nicht mit dem günstigeren Ertragsanteil, sondern in voller Höhe zu versteuern. .

Die jeweiligen Zusatzversorgungskassen übersenden den Zusatzrentnern eine entsprechende Leistungsmitteilung und Steuerbescheinigung, aus der die Aufteilung in Zusatzrenten aus geförderten und ungeförderten Beiträgen hervorgeht.

Entsprechend muss der Zusatzrentner in seiner Anlage R zur Einkommensteuererklärung die entsprechenden Beträge unter Ziffer 31 für die nachgelagerte Besteuerung (gilt für den Teil, der steuerlich gefördert wurde[20]) und unter Ziffer 36 für die Ertragsanteilbesteuerung (gilt für den Teil, der nicht steuerlich gefördert wurde[21]) eintragen.

Jüngere Jahrgänge, die viele Jahre oder sogar Jahrzehnte von der stufenweisen Steuerfreistellung der Umlagen ab 2008 profitieren, wachsen daher immer mehr in die nachgelagerte und damit volle Besteuerung der umlagefinanzierten VBL-Zusatzrente West hinein.

Wer jedoch in den nächsten Jahren eine **umlagefinanzierte Zusatzrente von der VBL** (Versorgungsanstalt des Bundes und der Länder) bezieht, wird im Endeffekt keine oder nur ganz geringe Steuern darauf zahlen müssen. Grund: Der steuerpflichtige Ertragsanteil von beispielsweise 18 Prozent der Zusatzrente für 65-Jährige kann sich nur geringfügig um die teilweise steuerfrei gestellten Umlagen ab dem Jahr 2008 erhöhen. Eigene Berechnungen muss er jedoch nicht anstellen, da er von seiner Zusatzversorgungskasse (zum Beispiel der VBL) die entsprechende Steuerbescheinigung zur Vorlage bei seinem Finanzamt erhält.

Da der Bezieher einer umlagefinanzierten VBL-Zusatzrente West vom steuerpflichtigen Ertragsanteil plus eventuell steuerfrei gestellten Umlagen noch den Beitrag zur gesetzlichen Kranken- und Pflegeversicherung von bis zu 18,4 Prozent der Zusatzrente für Steuerzwecke abziehen kann, scheidet eine Versteuerung nahezu aus. Es kommt steuerlich quasi zum Nullsummenspiel.

---

[20] § 22 Nr. 5 Satz 1 EStG, https://www.gesetze-im-internet.de/estg/__22.html
[21] § 22 Nr. 1 Satz 3 Buchst. a Doppelbuchst. bb EStG, siehe wie vor

Die **steuerrechtliche Behandlung der Umlage** in der Ansparphase ist recht kompliziert. Grundsätzlich ist außer der Arbeitnehmer-Umlage von derzeit 1,71 Prozent auch die Arbeitgeber-Umlage von 6,45 Prozent des zusatzversorgungspflichtigen Entgelts beim Arbeitnehmer individuell zu versteuern, weil diese Umlage ebenfalls zum Arbeitsentgelt zählt. Der vom Arbeitgeber bereits pauschal zu versteuernde Betrag von 92,03 Euro ist aber abzuziehen. Darüber hinaus ist ab 2008 die stufenweise Steuerfreistellung der Umlage in Höhe von 1 bis 4 Prozent der Beitragsbemessungsgrenze in der gesetzlichen Rentenversicherung zu berücksichtigen.

Wer beispielsweise als VBL-Pflichtversicherter im Tarifgebiet West In 2018 ein zusatzversorgungspflichtiges Entgelt von monatlich 5.000 Euro bezieht, kommt auf ein steuerpflichtiges Entgelt von 5.100,47 Euro. Die Berechnung hierzu lautet: Arbeitgeber-Umlage 322,50 Euro (= 6,45 Prozent des zusatzversorgungspflichtigen Entgelts) minus pauschal vom Arbeitgeber zu versteuernder Betrag von 92,03 Euro minus steuerfrei gestellter Betrag von 130 Euro (= 2 Prozent der Beitragsbemessungsgrenze in der gesetzlichen Rentenversicherung von 6.500 Euro in 2018)   gleich 100,47 Euro zusätzlich zu versteuernder Betrag.

Die Summe aus zusatzversorgungspflichtigem Entgelt von 5.000 Euro und zusätzlich zu versteuerndem Betrag von 100,47 Euro ergibt dann das steuerpflichtige Entgelt von 5.100,47 Euro. Läge das Bruttogehalt bei 6.500 Euro, würde sich das steuerpflichtige Entgelt auf 6.697,22 Euro erhöhen.

Die Klage eines Arbeitnehmers vor dem Bundesfinanzhof (BFH) gegen die grundsätzliche Versteuerung der Arbeitgeber-Umlage wurde mit der Begründung abgewiesen, dass die Arbeitgeber-Umlage **steuerlich wie Arbeitsentgelt** zu behandeln ist (siehe das BFH - Urteil[22] vom 07.05.2009).

In der umlagefinanzierten Zusatzversorgung werden die Angestellten des öffentlichen Dienstes grundsätzlich mit zusätzlichen Abgaben und Steuern belastet, da ihr steuer- und sozialversicherungspflichtiges Entgelt regelmäßig über dem Bruttogehalt (sog. zusatzversorgungspflichtiges Ent-

---

[22] BFH Az. VI R 8/07, https://datenbank.nwb.de/Dokument/Anzeigen/346346/

gelt) liegt. Die VBL West entwickelt sich somit wie andere Zusatzversorgungskassen mit Umlagefinanzierung faktisch zur "Zusatzbelastungskasse" für Angestellte im öffentlichen Dienst.

Steuern auf Riester-Renten

Ob es sich bei der Riester-Rente um eine private Riester-Rente einschließlich Wohn-Riester oder um eine betriebliche Riester-Rente handelt, spielt aus steuerlicher Sicht keine Rolle.

In allen Fällen wird die Riester-Rente voll besteuert, sofern die Riester-Beiträge steuerlich durch Altersvorsorge-Zulagen und evtl. zusätzliche steuerliche Ersparnisse gefördert wurden.

Mittlerweile gibt es fünf Arten der Riester-Rente:

1. private Riester-Rente aus klassischer Riester-Versicherung
2. private Riester-Rente aus Fondssparplan
3. private Riester-Rente aus Banksparplan
4. betriebliche Riester-Rente
5. Wohn-Riester-Rente beim Eigenheim.

Alle Riester-Beiträge können in der Ansparphase mit Altersvorsorge-Zulagen und evtl. zusätzlichen Steuerersparnissen gefördert werden. In der Rentenphase wird dann die Riester-Rente voll besteuert.

Bei der **Wohn-Riester-Rente** gibt es aber eine Besonderheit, da diese sog. Eigenheimrente nicht in Geld zufließt, sondern beispielsweise für die schnellere Tilgung eines Bank- oder Bauspardarlehens verwandt wird. Die jährlichen Beiträge beim Riestern für das Eigenheim werden auf einem fiktiven **Wohnförderkonto** mit pauschal 2 Prozent verzinst, unabhängig von den tatsächlichen Zinserträgen.

Das angesammelte Wohn-Riester-Guthaben wird dann spätestens zum 68. Lebensjahr aufgelöst und komplett besteuert über 17 Jahre bis zum vollendeten 85. Lebensjahr. Statt der laufenden jährlichen Steuerzahlung kann sich der Wohn-Riester-Rentner auch für die einmalige Steuerzahlung mit 30 Prozent Steuerrabatt auf das Wohn-Riester-Guthaben entscheiden. Er hat sich dann der Steuern für die Wohn-Riester-Rente auf einen Schlag erledigt. Der Umstieg von einer laufenden Steuerzahlung auf eine Einmalzahlung ist jederzeit möglich.

3.3. Steuern auf Privatrenten

Privatrenten werden grundsätzlich nur mit dem niedrigen Ertragsanteil versteuert, da die laufende Beitragszahlung oder Einmalzahlung zumindest seit 2005 aus versteuertem Einkommen erfolgt.

Zu diesen Privatrenten zählen:

- Renten aus privaten Rentenversicherungen
- Veräußerungsrenten (zum Beispiel beim Immobilienverkauf auf Rentenbasis)
- Versorgungsrenten.

Steuern auf Renten aus privater Rentenversicherung

Insbesondere Privatrenten aus privaten Rentenversicherungen werden ausschließlich mit dem **Ertragsanteil** besteuert. Dieser Ertragsanteil umfasst den pauschal geschätzten Zinsanteil der Privatrente. Der in der Privatrente enthaltene Kapitalanteil bleibt steuerfrei.

Wer mit 65 oder 66 Jahren zum ersten Mal eine Privatrente bezieht, muss nur 18 Prozent davon versteuern. Beispiel: monatliche Privatrente 400 Euro, steuerpflichtig 72 Euro, anteilige Steuer nur 18 Euro monatlich bei einem persönlichen Steuersatz von beispielsweise 25 Prozent.

Tabelle 5: Steuerpflichtiger Ertragsanteil bei Leibrenten

vollendetes Lebensjahr bei Rentenbeginn	Ertragsanteil in Prozent der Rente bei lebenslangen Privatrenten	vollendetes Lebensjahr bei Rentenbeginn	Ertragsanteil in Prozent der Rente bei lebenslangen Privatrenten
50.	30 %	65.-66.	18 %
51.-52.	29 %	67.	17 %
53.	28 %	68.	16 %
54.	27 %	69.-70.	15 %
55.-56.	26 %	71.	14 %
57.	25 %	72.-73.	13 %
58.	24 %	74.	12 %
59.	23 %	75.	11 %
60.-61.	22 %	76.-77.	10 %
62.	21 %	78.-79.	9 %
63.	20 %	80.	8 %
64.	19 %	81.-82.	7 %

Bei lebenslang gezahlten **Leibrenten** richtet sich der steuerpflichtige Ertragsanteil nach dem vollendeten Lebensjahr bei Rentenbeginn. Je später der Rentenbeginn liegt, desto geringer fällt wegen der statistisch geringeren Lebensdauer auch der Ertragsanteil aus. Bei 67-Jährigen sind es beispielsweise 17 Prozent und bei 70-Jährigen nur 15 Prozent.

Umgekehrt steigt der Ertragsanteil, je jünger der Rentenbezieher ist. 60-jährige Privatrentner müssen beispielsweise 22 Prozent ihrer Privatrente versteuern und 55-Jährige 26 Prozent (siehe Tabelle 5).

Der vom Rentenbeginn abhängige Ertragsanteil bleibt während der gesamten Rentendauer, also bis zum Lebensende, unverändert. Es sei denn, der Gesetzgeber setzt wie im Jahr 2005 niedrigere Ertragsanteile fest, da das Zinsniveau gesunken und/oder die fernere Lebenserwartung gestiegen ist.

Bei **abgekürzten Leibrenten** hängt der Ertragsanteil von der vereinbarten Rentenlaufzeit in Jahren und dem Alter ab. Wenn beispielsweise eine Laufzeit der Leibrente von 20 Jahren bei einem 65-Jährigen verein-bart wird, liegt der Ertragsanteil bei 21 Prozent (siehe Tabelle 6).

Wenn der Rentenbezieher nach seiner voraussichtlichen Lebenser-wartung aber schon vor dem Ende der Renten-Laufzeit stirbt, ist der Er-tragsanteil einer abgekürzten Leibrente nicht Tabelle 6, sondern Tabelle 5 zu entnehmen. Dann wird abhängig vom Alter bei Rentenbeginn zu sei-nen Gunsten der niedrigere Ertragsanteil aus Tabelle 5 herangezogen, al-so in diesem Fall 20 Prozent für einen 63-Jährigen. Sofern man sich an die Anweisung von Spalte 3 hält, kommt man immer zum richtigen Ergebnis.

Typisch für die Steuerregeln in der **dritten Schicht der Altersversor-gung** sind die **vorgelagerte Besteuerung** in der Beitragsphase sowie die Ertragsanteilbesteuerung in der Rentenphase. Beiträge zur privaten Ren-tenversicherung sind bei Neuabschluss ab 2005 grundsätzlich nicht mehr steuerlich abzugsfähig.

Wird bei der privaten Rentenversicherung auf die Kapitalauszahlung verzichtet, werden die Privatrenten nur mit dem pauschalen Zins- bzw. Ertragsanteil besteuert, was aktuell zur Doppelbesteuerung von Renten aus der privaten Rentenversicherung führen kann. Im Versicherungs-journal vom 24.5.2016 und in der FAZ vom 27.5.2016 online wurde auf diesen Sachverhalt bereits hingewiesen.[23]

Der **steuerpflichtige Ertragsanteil** bei Privatrenten aus privater Ren-tenversicherung beträgt in Abhängigkeit vom Lebensalter bei Rentenbe-ginn zurzeit 21 Prozent (Rente ab 62), 20 Prozent (ab 63), 19 Prozent (ab 64), 18 Prozent (ab 65 oder 66) oder 17 Prozent (Rente ab 67 Jahren) der Brutto-rente. Mit diesem Ertragsanteil sind auch Versicherungsleibrenten gegen Einmalbeitrag und Veräußerungsleibrenten beim Immobilienverkauf auf Rentenbasis zu besteuern sowie Betriebs- oder Zusatzrenten, die aus un-geförderten Beiträgen stammen.

---

[23] http://www.versicherungsjournal.de/markt-und-politik/privat-rentenversicherte-werden-zunehmend-doppelt-besteuert-125799.php
http://www.faz.net/aktuell/finanzen/meine-finanzen/vorsorgen-fuer-das-alter/rentenversicherungen-werden-doppelt-besteuert-14254401.html

Tabelle 6: Steuerpflichtiger Ertragsanteil bei abgekürzten Leibrenten

Beschränkung der Laufzeit der Rente auf … Jahre ab Beginn des Rentenbezugs	Ertragsanteil beträgt (vorbehaltlich der Spalte 3)	Ertragsanteil wird nach Tabelle 5 ermittelt, wenn Sie zu Rentenbeginn das …(s)te Lebensjahr vollendet haben	Beschränkung der Laufzeit der Rente auf … Jahre ab Beginn des Rentenbezugs	Ertragsanteil beträgt (vorbehaltlich der Spalte 3)	Ertragsanteil wird nach Tabelle 5 ermittelt, wenn Sie zu Rentenbeginn das …(s)te Lebensjahr vollendet haben
1	2	3	1	2	3
1	0 %	entfällt	32	32 %	49
2	1 %	entfällt	33	33 %	48
3	2 %	97	34	34 %	46
4	4 %	92	35–36	35 %	45
5	5 %	88	37	36 %	43
6	7 %	83	38	37 %	42
7	8 %	81	39	38 %	41
8	9 %	80	40–41	39 %	39
9	10 %	78	42	40 %	38
10	12 %	75	43–44	41 %	36
11	13 %	74	45	42 %	35
12	14 %	72	46–47	43 %	33
13	15 %	71	48	44 %	32
14–15	16 %	69	49–50	45 %	30
16–17	18 %	67	51–52	46 %	28
18	19 %	65	53	47 %	27
19	20 %	64	54–55	48 %	25
20	21 %	63	56–57	49 %	23
21	22 %	62	58–59	50 %	21
22	23 %	60	60–61	51 %	19
23	24 %	59	62–63	52 %	17
24	25 %	58	64–65	53 %	15
25	26 %	57	66–67	54 %	13
26	27 %	55	68–69	55 %	11
27	28 %	54	70–71	56 %	9
28	29 %	53	72–74	57 %	6
29–30	30 %	51	75–76	58 %	4
31	31 %	50	77–79	59 %	2
			mehr als 80	der Ertragsanteil ist immer Tabelle 1 zu entnehmen	

Dieser steuerpflichtige Ertragsanteil müsste jedoch mit Blick auf die anhaltende Niedrigzinsphase und die gestiegene Lebenserwartung angepasst werden. Nach Inkrafttreten des Alterseinkünftegesetzes wurde der Ertragsanteil beispielsweise für 65-jährige Neurentner von ehemals 27 auf 18 Prozent herabgesetzt, also um ein Drittel.

Laut Gesetzentwurf der Bundesregierung zum Alterseinkünftegesetz vom 9.12.2003 ging man damals von einem typisierenden Kapitalertrag von 3 statt vorher 5,5 Prozent aus und von einer auf 15 Jahre statt vorher 14 Jahre gestiegenen ferneren Lebenserwartung für 65-Jährige laut Sterbetafel 1997/1999 statt vorher Sterbetafel 1986/1988 (siehe Seiten 41/42 des Gesetzentwurfs). Die Rürup-Kommission hatte in ihrem Abschlussbericht vom 11.3.2003 einen Zinssatz von 3,25 Prozent angenommen und den Ertragsanteil demzufolge noch mit 19 Prozent für 65-jährige Neurentner ermittelt (siehe Seiten 34/35 mit Angabe der Formel zur finanzmathematischen Berechnung des Ertragsanteils in der Fußnote auf Seite 35 unten).

Legt man aktuell eine typische kalkulatorische Verzinsung von 2 Prozent und eine auf rund 18 Jahre gestiegene Lebenserwartung (exakt 17,71 Jahre für einen männlichen Rentner mit 65 Jahren laut Sterbetafel 2013/2015) zugrunde, müsste der Ertragsanteil von 18 auf 14 Prozent sinken. Bei einem Zinssatz von 1,5 Prozent läge der steuerpflichtige Ertragsanteil für einen 65-jährigen Neurentner bei 11 Prozent und bei 1 Prozent Zins sogar bei nur noch bei 7 Prozent.

Dabei wurde folgende Formel zur Berechnung des steuerpflichtigen Ertragsanteils zugrunde gelegt, die sich direkt aus der Fußnote auf Seite 35 unten des Abschlussberichts der Rürup-Kommission ableiten lässt:

$$E = 1 - \frac{(q^n - 1)}{n * (q - 1) * q^{n-1}}$$

Hierbei bedeuten:

E = Ertragsanteil

q = 1 + p/100 = Aufzinsungsfaktor mit p = Zinssatz

n = Laufzeit der Rente (Rentendauer) in Abhängigkeit vom Rentenbeginn und der ferneren Lebenserwartung laut Sterbetafel des Statisti-
schen Bundesamtes

Steuern auf private Veräußerungs- und Versorgungsrenten

Wer beispielsweise eine Immobilie an einen Dritten auf Rentenbasis
verkauft, erhält eine lebenslange Leibrente. Diese **Veräußerungsrente** ist
mit dem Ertragsanteil steuerpflichtig. Dies gilt auch, wenn eine Mindest-
laufzeit vereinbart wird, die kürzer ist als die durchschnittliche Lebensdauer des Immobilienverkäufers und künftigen Rentners.

Wird die Immobilie oder ein anderes Vermögen im Wege der vorweggenommenen Erbfolge auf Familienangehörige übertragen, kann ebenfalls
eine Veräußerungsrente wie unter Fremden vereinbart werden. Häufig
wird aber eine **Versorgungsrente** vereinbart. Liegt der Wert des übertra-
genen Immobilie bzw. eines anderen Vermögens bei mindestens 50 Prozent des Kapitalwerts der Versorgungsleistung, muss der Rentenberech-
tigte nur den Ertragsanteil versteuern.

Bei einer **Unterhaltsrente** im Zusammenhang mit der Übertragung
von Immobilien oder anderem Vermögen bemisst sich die Höhe der Rente
aber nicht nach dem Wert des Vermögens, sondern den Bedürfnissen des
Unterhaltsempfängers. Unterhaltsleistungen können aber nur in ganz bestimmten Fällen (zum Beispiel Unterhalt an geschiedenen Ehegatten oder
andere Personen mit Anspruch auf gesetzlichen Unterhalt) steuerlich berücksichtigt werden, siehe Kapitel 5.3. Alle übrigen Unterhaltsleistungen,
zu denen auch Unterhaltsrenten zählen, sind beim Empfänger nicht steuerpflichtig.

3.4. Doppelbesteuerung von Renten

Was ist eigentlich unter der Doppelbesteuerung von Renten und speziell der gesetzlichen Rente zu verstehen? Erste Hinweise dazu finden sich bereits im Urteil des Bundesverfassungsgerichtes[24] aus dem Jahr 2002. Danach war die unterschiedliche Besteuerung der Beamtenpensionen und der Renten aus der gesetzlichen Rentenversicherung mit dem Gleichheitssatz von Artikel 3 Absatz 1 des Grundgesetzes unvereinbar, weil die Renten aus der gesetzlichen Rentenversicherung nur mit dem Ertragsanteil besteuert wurden.

Der Gesetzgeber hatte im Rahmen der gebotenen Neuregelung der Rentenbesteuerung folgenden Grundsatz zu beachten: *„In jedem Fall sind die Besteuerung von Vorsorgeaufwendungen für die Alterssicherung und die Besteuerung der Bezüge aus dem Ergebnis der Vorsorgeaufwendungen so aufeinander abzustimmen, dass eine doppelte Besteuerung vermieden wird."*

Eine doppelte Besteuerung bzw. Doppelbesteuerung kann nur dann vermieden werden, wenn bereits versteuerte Rentenbeiträge bei den Rentenleistungen nicht noch ein zweites Mal besteuert werden.

Doppelbesteuerung von Renten liegt im Umkehrschluss dann vor, wenn auch die auf versteuerten Beiträgen beruhenden Teile der gesetzlichen Rente voll besteuert werden. Sofern die gesetzliche Rente aus steuerfreien Beiträgen voll versteuert wird, ist dagegen nichts einzuwenden. Dies gilt bekanntlich auch für Betriebsrenten aus steuerfreien Beiträgen (siehe Kapitel 3.2). Die gesetzliche Rente aus versteuerten Beiträgen darf jedoch wie die private Rente, wenn überhaupt, nur mit dem geringen Ertragsanteil besteuert werden.

In seinem Urteil vom 26.11.2008 hat der Bundesfinanzhof[25] nach eigenem Bekunden noch nicht entschieden, unter welchen Voraussetzungen eine Doppelbesteuerung von Renten vermieden wird. Bei den dort genannten, bewusst offen gelassenen Punkten handelt es sich nach Auffas-

---

[24] BVerfG Az. 2 BvL 17/99 vom 06. 03. 2002, BStBl 2002 II S. 618

[25] BFH Az. X R 15/07 https://datenbank.nwb.de/Dokument/Anzeigen/322741/

sung des BFH um „*Einzelfragen (Berücksichtigung des Grundfreibetrags, gewisser Pauschbeträge sowie von Sonderausgaben), die an der prinzipiellen Beantwortung der Grundsatzfrage nichts ändern*".

Letztlich läuft die **Berechnungsmethode** des BFH auf den Vergleich von steuerfreiem Rentenfluss und Summe der versteuerten Rentenbeiträge hinaus. Dabei wird der steuerfreie Rentenfluss beispielsweise aus dem 17-fachen Rentenfreibetrag ermittelt, sofern eine fernere Lebenserwartung und Rentendauer von 17 Jahren für 65-jährige Männer unterstellt wird. Eine Doppelbesteuerung würde nach diesem Verfahren vorliegen, wenn der steuerfreie Rentenzufluss über 17 Jahre geringer als die Summe der versteuerten Rentenbeiträge wäre. In diesem Fall würden Teile der gesetzlichen Rente doppelt bzw. zu viel besteuert, nämlich zunächst in der Beitragsphase und dann ein zweites Mal in der Rentenphase.

Beispiel: In einem Originalfall für einen 63-jährigen Neurentner ab 01.01.2017 läge der 17-fache Rentenfreibetrag bei 102.289 Euro (= 6.017 Euro x 17 Jahre) und damit deutlich unter der Summe der versteuerten Rentenbeiträge von 141.877 Euro, so dass nach der rentendauerorientierten Berechnungsmethode des BFH von einer Doppelbesteuerung der gesetzlichen Rente ausgegangen werden könnte.

Bei dieser Berechnung im Originalfall wird unterstellt, dass der steuerlich berücksichtigte Rentenfreibetrag nicht um Beiträge zur gesetzlichen Kranken- und Pflegeversicherung vermindert wird und die vor 2005 gezahlten Rentenbeiträge nur zu 50 Prozent vom Arbeitgeber steuerlich abzuziehen waren und nicht vom Arbeitnehmer, der die andere Hälfte aus versteuertem Einkommen tragen musste.

Der BFH hat bis zum heutigen Zeitpunkt noch keinen Fall von Doppelbesteuerung erkennen können. Dies wird sich aber möglicherweise künftig ändern aus zwei Gründen. Erstens wird die Forderung des BFH, wonach die steuerliche Abzugsfähigkeit der vor 2005 geleisteten Rentenbeiträgen vom Steuerpflichtigen selbst anhand der Einkommensteuerbescheide nachzuweisen sei (sog. Beweislast des Steuerpflichtigen), von renommierten Steuer- und Rechtsprofessoren heftig kritisiert. Zum Zweiten ist auch die Berechnung des steuerfreien Rentenzuflusses und der vor 2005 versteuerten Rentenbeiträge weiterhin umstritten.

Jedem jetzigen und künftigen Rentner kann nur geraten werden, sämtliche Einkommensteuerbescheide ab dem ersten Jahr der Zahlung von Rentenbeiträgen aufzuheben. Solange der rentenversicherte Beitragszahler noch keine Rente bezieht, ist ein Einspruch gegen den Einkommensteuerbescheid zwecklos. Er muss also „beschwert" sein, wie die offizielle Bezeichnung heißt.

Zu diesem „Beschwer" zählt auch, dass er als Rentner laut Einkommensteuerbescheid tatsächlich Steuern zahlen muss bzw. müsste. Wer keine Steuern zahlt, kann auch nicht von der Doppelbesteuerung von Renten betroffen sein. Geht man von gezahlten Pflichtbeiträgen bis Ende 2016 und Rentenzahlungen mit Beginn ab 2017 aus, wird es in bestimmten Fällen bereits jetzt zur Doppelbesteuerung kommen.

Studien und Kernfragen zur Doppelbesteuerung von Renten

Zusammen mit meinem Bruder Günter Siepe habe ich im Jahr 2016 zwei Studien[26] zur Doppelbesteuerung von Renten vorgelegt, die auch im Internet veröffentlicht wurden. Die beiden Studien stehen im Übrigen via Intranet auch allen Bundestagsabgeordneten zur Verfügung.

In dem Beitrag „Kernfragen zur Doppelbesteuerung von Renten", der im Dezember 2017 in der Zeitschrift „Die Rentenversicherung" erschienen ist, sind mein Bruder und ich ausschließlich auf Neufälle eingegangen mit Beitragsleistungen bis Ende 2004 und danach von 2005 bis zum Rentenbeginn in 2015 oder später. Die Beantwortung der beiden Kernfragen zur Besteuerung von Rentenleistungen und der steuerlichen Abzugsfähigkeit von vor 2005 geleisteten Rentenbeiträgen ist bis heute nach wie vor nicht geklärt.

Insbesondere ist die Frage von Bedeutung, in welcher Rangfolge (vor-, gleich- oder nachrangig) vor 2005 gezahlte Beiträge zur Sozialversicherung und zur privaten Haftpflicht-, Unfall- und Lebensversicherung steu-

---

[26] http://vers-berater.de/tl_files/vers_files/files/Studien/Studie_Pruefstand_Rentenbesteuerung.pdf

http://vers-berater.de/tl_files/vers_files/files/Studien/Studie_ Doppelbesteuerung_von_Renten.pdf erlich zu berücksichtigen sind. Der Bundesfinanzhof hat diese Frage noch nicht endgültig geklärt, sondern hat die Entscheidung darüber den Finanzgerichten überlassen.

Das Bundesfinanzministerium sieht momentan generell noch keinen Handlungsbedarf. Steuerpflichtige Rentner, die nach ihrer Ansicht von der Doppelbesteuerung betroffen sind, müssen also den langen Weg von Einspruch gegen den Einkommensteuerbescheid über Klage vor dem zuständigen Finanzgericht bis zur Klage vor dem Bundesfinanzhof und weiter bis zur Verfassungsbeschwerde vor dem Bundesverfassungsgericht beschreiten.

Es ist zu hoffen, dass eines nicht allzu fernen Tages die Richter am Bundesverfassungsgericht in den vorgelegten Beschwerdefällen eine verfassungswidrige Doppelbesteuerung von Renten erkennen und den Gesetzgeber zur Änderung des ab 2005 geltenden Alterseinkünftegesetzes auffordern.

Das Bundesverfassungsgericht hat mit mehreren Beschlüssen[27,28] Verfassungsbeschwerden gegen das AltEinkG nicht zur Entscheidung angenommen. In diesen Entscheidungen war allerdings nur die Verfassungsmäßigkeit der Besteuerung von Renteneinkünften zu beurteilen, die auf Beitragsleistungen in der Zeit vor Inkrafttreten des AltEinkG am 01.01.2005 beruhten. Es handelt sich dabei also um Altfälle.

Im Übrigen geht es beim Streitthema der Doppelbesteuerung von Renten nicht nur um die gesetzliche Rente, sondern auch um die Rente von Freiberuflern aus der berufsständischen Versorgung, die Rente aus der Alterssicherung der Landwirte und die erst ab 2005 eingeführte Basis- bzw. Rürup-Rente. Da zur Rürup-Rente keine Beiträge vor 2005 geleistet werden konnten, ist hierbei nur die Besteuerung der Rürup-Rente zu beurteilen.

Dazu ein Beispiel: Ein Selbstständiger zahlt 15 Jahre lang von 2005 bis einschließlich 2019 Rürup-Beiträge von jeweils 4.000 Euro pro Jahr ein.

---

[27] BVerfG Az. 2 BvR 2683/11 vom 29. 09. 2015
[28] BVerfG Az. 2 BvR 1066/10, Az. 2 BvR 1961/10 vom 30. 09. 2015

Die Summe der Rürup-Beiträge beläuft sich dann auf 60.000 Euro. Davon sind 44.400 Euro bzw. durchschnittlich 74 Prozent steuerlich abzugsfähig, während der restliche Anteil von 15.600 Euro bzw. durchschnittlich 26 Prozent der Beitragssumme von 60.000 Euro aus versteuertem Einkommen geleistet wird.

Wenn dieser Selbstständige ab Anfang 2020 eine jährliche Rürup-Rente von beispielsweise 4.000 Euro im Jahr bezieht, sind davon 3.200 Euro steuerpflichtig bei einem Besteuerungsanteil von 80 Prozent. Der jährliche Rentenfreibetrag liegt entsprechend bei 800 Euro jährlich oder 20 Prozent der Rürup-Rente von 4.000 Euro.

Bei Annahme einer ferneren Lebenserwartung von 17 Jahren würde der steuerfreie Rentenzufluss in diesem Fall bei 13.600 Euro liegen und damit immerhin 2.000 Euro unter der Summe aus versteuerten Rürup-Beiträgen in Höhe von 15.600 Euro. Also läge in diesem Beispielfall eine Doppelbesteuerung der Rürup-Rente vor. Nur bei einer hohen Rürup-Rente von über 4.588 Euro wäre dies nicht der Fall.

3.5. Werbungskosten bei Renteneinkünften

Wie bei allen Einkünften können auch bei den Renteneinkünften Werbungskosten steuerlich von der steuerpflichtigen Rente abgezogen werden. In aller Regel fallen aber keine oder nur sehr geringe Aufwendungen zur Erwerbung, Sicherung und Erhaltung Ihrer Renteneinnahmen ein.

Zu diesen speziellen Werbungskosten bei Renteneinkünften zählen insbesondere:

- Kosten für einen freiberuflich tätigen Rentenberater (zum Beispiel im Zusammenhang mit der Beantragung der Rente oder Überprüfung des Rentenbescheids) oder Versicherungsberater (zum Beispiel im Zusammenhang mit Ansprüchen aus der privaten Rentenversicherung, der Riester-Rente oder der Rürup-Rente)
- Fachliteratur zum Thema Steuernsparen als Rentner
- Steuerprogramme für Rentner
- Mitgliedsbeitrag von Rentnern für Lohnsteuerhilfeverein oder Steuerberatungskosten für Rentner
- pauschale Kontoführungsgebühr von 16 Euro jährlich für die Überweisung der Rente.

Wer keine Werbungskosten geltend macht, erhält einen jährlichen **Werbungskosten-Pauschbetrag** von 102 Euro. Bei mehreren in der Anlage R aufgeführten Renten gibt es die Werbungskostenpauschale nur einmal und nicht für jede Rente extra. Bei verheirateten und zusammen veranlagten Ehepartnern, die beide in Rente sind, erhält jeder die Werbungskostenpauschale von 102 Euro.

Steuerlich errechnen sich die Renteneinkünfte aus dem steuerpflichtigen Anteil der Jahresbruttorente minus der jährlichen Werbungskostenpauschale von 102 Euro.

3.6. Steuernachzahlungen und – vorauszahlungen für Rentner

Nicht wenige Rentner wundern sich zuweilen, warum sie im Einkommensteuerbescheid zur Steuernachzahlung innerhalb von vier Wochen aufgefordert werden. Dies kann sogar ohne Vorlage einer Einkommensteuererklärung erfolgen.

Der Grund ist eigentlich ganz einfach: Die Renten auszahlenden Stellen sind verpflichtet, für jedes Kalenderjahr bis zum 1. März des Folgejahres Rentenbezugsmitteilungen elektronisch an die zentrale Stelle der Deutschen Rentenversicherung Bund (sog. Zentrale Zulagenstelle für Altersvermögen) zu übersenden. Dort werden auch die Daten der berufsständischen Versorgungswerke, Alterskassen der Landwirte, Pensionskassen und –fonds, privaten Versicherungsunternehmen sowie Anbieter von Riester- und Rürup-Renten gesammelt. Steuern werden von den genannten Rentenauszahlungsstellen nicht einbehalten.

Alle Rentendaten werden anschließend an die jeweils zuständige Landesfinanzbehörde übermittelt, von der dann die Ergebnisse an das für die Rentner zuständige Wohnsitzfinanzamt versandt werden.

Das Finanzamt kennt also sämtliche Renten. Ein Verschweigen ist sinnlos. Im Übrigen kann jeder Rentner eine Kopie seiner Rentenbezugsmitteilung bei der Renten auszahlenden Stelle anfordern.

Zur **Steuernachzahlung** für das Jahr 2018 bei der gesetzlichen Rente kommt es, wenn die steuerpflichtige Jahresbruttorente nach Abzug des Beitrags zur gesetzlichen Kranken- und Pflegeversicherung von rund 11 Prozent der Jahresbruttorente sowie der Werbungskostenpauschale von 102 Euro über dem steuerlichen Grundfreibetrag von 9.000 Euro bei Alleinstehenden liegt.

Für das Jahr 2018 können gesetzlich krankenversicherte, alleinstehende Rentner ohne weitere Alterseinkünfte von der Faustregel ausgehen, dass Steuern erst nach Überschreiten von rund 65 Prozent der Jahresbruttorente anfallen. Die genannten 65 Prozent werden wie folgt ermittelt: 24 Prozent der gesetzlichen Rente sind bei Neurentnern steuerfrei. Zusätzlich sind rund 11 Prozent der Jahresbruttorente für die Beiträge zur gesetzlichen Kranken- und Pflegeversicherung unter Sonderausgaben steuerlich abzugsfähig und damit ebenfalls steuerfrei. Also müssen im Umkehrschluss rund 65 Prozent der Jahresbruttorente versteuert werden.

Liegt die gesetzliche Rente beispielsweise brutto bei 13.800 Euro jährlich bzw. 1.150 Euro monatlich, fällt also keine Steuer an, da 65 Prozent von 13.800 Euro nur 8.970 Euro ergeben und somit unter dem steuerlichen Grundfreibetrag von 9.000 Euro liegen. Die Faustregel „65 Prozent der Jahresbruttorente" wird in den Folgejahren nicht mehr gelten, da der Besteuerungsanteil für jede nach 2018 beginnende Neurente steigt. Bei Rentenbeginn im Jahr 2020 müsste die Faustregel bereits bei 69 Prozent und bei Neurentnern im Jahr 2020 bei 74 Prozent liegen.

Wer Steuern nachzahlt, muss auch mit einer künftigen **Vorauszahlung von Einkommensteuer** plus Solidaritätszuschlag und evtl. Kirchensteuer rechnen. Diese Vorauszahlungen sind vierteljährlich zum 15.3., 15.6., 15.9. und 15.12. des Jahres fällig. Die Höhe der Vorauszahlung wird vom Finanzamt anhand der mit der Übersendung des Einkommensteuerbescheids festgelegten Steuernachzahlung berechnet.

3.7. Steuervorteile durch niedrigeren Steuersatz für Rentner

Unabhängig von der Antwort auf die Frage, ob eine Doppelbesteuerung von Renten im Einzelfall vorliegt oder nicht, gibt es bei prinzipiell nachgelagert besteuerten Renten (zum Beispiel gesetzliche Rente, Betriebsrente oder Riester-Rente) einen besonderen Steuervorteil. Dieser entsteht dann, wenn der **Grenzsteuersatz** in der Rentenphase wie in fast allen Fällen deutlich niedriger als in der Beitragsphase ausfällt. Wenn Ihr steuerpflichtiger Anteil der Rente beispielsweise nur mit 20 Prozent versteuert wird im Vergleich zu 30 oder 35 Prozent beim steuerpflichtigen Anteil Ihrer Rentenbeiträge, sparen Sie Steuern.

Da der Grenzsteuersatz im Ruhestand im Gegensatz zu dem in der aktiven Phase nicht feststeht, ist man auf Schätzungen angewiesen. Eine grobe Faustregel besagt, dass der Grenzsteuersatz in der Rentenphase rund 70 Prozent des Grenzsteuersatzes in der Beitragsphase ausmacht. Bei einem Höchststeuersatz von 44,31 Prozent (= 42 Prozent zuzüglich Solidaritätszuschlag) bzw. 47,475 Prozent (= 45 Prozent als sog. Reichensteuer zuzüglich Solidaritätszuschlag) in der Beitragsphase könnte man folglich mit einem Steuersatz von 31 bis 33 Prozent im Ruhestand rechnen. Bei einem Grenzsteuersatz von 35 bzw. 30 Prozent in der aktiven Phase wäre dann im Alter ein Steuersatz von 25 bzw. 21 Prozent anzusetzen. Aber das sind, wie gesagt, nur sehr grobe Schätzungen.

Hinzu kommt aber der Vorteil, dass Sie erst jahrelang Rentenbeiträge teilweise oder vollständig steuerlich absetzen können, bevor Sie dann Ihre gesetzliche Rente zum Teil oder ab Rentenbeginn in 2040 voll versteuern. Es handelt sich bei dieser sog. **nachgelagerten Rentenbesteuerung** somit um einen ganz legalen **Steueraufschub**, der nicht mit einer illegalen Steuerverkürzung oder gar Steuerhinterziehung zu verwechseln ist.

3.8. Steuerliche Änderungen in 2018 für Rentner

Sinkende steuerfreie Rentenanteile bei Rentenbeginn in 2018 sind eher schlechte Nachrichten für Neurentner, die nun 76 Prozent ihrer gesetzlichen Rente versteuern müssen und damit zwei Prozentpunkte mehr im Vergleich zu 2017. Somit bleiben nur noch 24 Prozent statt vorher 26 Prozent der gesetzlichen Rente steuerfrei.

Diesem steuerlichen Nachteil für neu hinzukommende Rentner stehen jedoch auch steuerliche Vorteile gegenüber. Der steuerliche Grundfreibetrag steigt auf 9.000 Euro für Alleinstehende nach der Grundtabelle bzw. 18.000 Euro für Verheiratete nach der Splittingtabelle. Dies sind 180 bzw. 360 Euro mehr im Vergleich zu 2017. Alleinstehende und gesetzlich krankenversicherte Neurentner ohne weitere Alterseinkünfte müssen keine Steuern zahlen, sofern ihre gesetzliche Rente nicht über monatlich 1.174 Euro brutto hinausgeht.

Der steuerliche Höchstbetrag für Extrabeiträge zur gesetzlichen Rente steigt auf 23.712 bzw. 47.424 Euro für Alleinstehende bzw. Verheiratete, also um 350 bzw. 700 Euro im Vergleich zu 2017. Darüber hinaus steigt der steuerlich abzugsfähige Anteil für diese Extrabeiträge im Jahr 2018 um zwei Prozentpunkte auf 86 Prozent. Arbeitnehmeranteile zur gesetzlichen Rentenversicherung sind zu 72 Prozent statt vorher 68 Prozent steuerlich abzugsfähig, was in den Lohnsteuertabellen für 2018 automatisch berücksichtigt wird.

Weitere Steuersparmöglichkeiten betreffen alle Steuerzahler. Wer ab 2018 Arbeitsmittel wie Laptop, Smartphone oder Büromöbel kauft, kann Anschaffungskosten bis zu 952 Euro inklusive Mehrwertsteuer steuerlich sofort absetzen. In 2017 war dies nur bis zu einem Preis von 487,90 Euro möglich. Lag der Preis darüber, mussten die Kosten für Arbeitsmittel über mehrere Jahre abgeschrieben werden.

Die Einkommensteuererklärung für 2018 muss nicht mehr wie sonst gewohnt bis zum 31. Mai 2019 abgegeben werden, sondern spätestens bis zum 31. Juli 2019. Bei Abgabe der Steuererklärung durch einen Steuerberater verlängert sich die Frist bis zum 29.02.2020.

4. PENSIONSBESTEUERUNG

Beamtenpensionen sowie Werks- bzw. Betriebspensionen werden nicht wie gesetzliche Renten besteuert, sondern wie nachträglicher Arbeitslohn. Daher sind sie auch nicht in der Anlage R für Renteneinkünfte, sondern in der Anlage N für Einkünfte aus nichtselbstständiger Arbeit einzutragen.

Weder Beamte noch Arbeitnehmer, die Leistungen aus einer Pensions- bzw. Direktzusage oder einer betrieblichen Unterstützungskasse erhalten, zahlen in der aktiven Phase Beiträge. Aus diesem Grund werden Beamtenpensionen sowie Werks- bzw. Betriebspensionen nachgelagert und somit bis auf einen relativ geringen Versorgungsfreibetrag in vollem Umfang besteuert. Zu einer Doppelbesteuerung wie bei der gesetzlichen Rente kann es bei Pensionen daher gar nicht kommen.

4.1. Besteuerung von Beamtenpensionen

Der weitaus größte Teil der Altersversorgung von Beamten entfällt bei Beamten mit gemischter Erwerbsbiografie (erst Angestellter, dann Beamter) auf die Beamtenpension, die auch als „Ruhegehalt" oder steuerrechtlich als „Versorgungsbezug" bezeichnet wird.

Nur-Beamte, die nie als Arbeitnehmer tätig waren, erhalten grundsätzlich nur eine Beamtenpension. Zusätzliche Renteneinkünfte müssten sie sich mit eigenen freiwilligen Beiträgen zur gesetzlichen Rente, Riester-Rente, Rürup-Rente oder Privatrente aus der privaten Rentenversicherung aufbauen.

Beamtenpensionen werden als Einkünfte aus nichtselbstständiger Tätigkeit ähnlich wie Löhne und Gehälter besteuert. Im Gegensatz zum Arbeitnehmerpauschbetrag von jährlich 1.000 Euro steht Ihnen als Pensionär aber ein steuerlicher **Versorgungsfreibetrag** zu, der von anfangs 3.900 Euro im Jahr 2005 auf beispielsweise jährlich 1.872 Euro bei Pensionsbeginn in 2018 abgeschmolzen ist. 1.560 Euro sind es bei Pensionsbeginn im Jahr 2020 und nur noch 1.170 Euro, wenn die erste Pensionszahlung erst im Jahr 2025 beginnt (siehe Tabelle 7). Ab Pensionsbeginn im Jahr 2040 gibt es keinen Versorgungsfreibetrag mehr, sondern nur noch die Werbungskostenpauschale von 102 Euro wie bei Rentnern.

Tabelle 7: Steuerfreie Anteile von Rente und Pension

Ruhe-stands-beginn	Steuerfreier Anteil der Rente in %	Steuerfreier Anteil der Pension in €	Ruhe-stands-beginn	Steuerfreier Anteil der Rente in %	Steuerfreier Anteil der Pension in €
bis	50 %	3.900 €	2023	17 %	1.326 €
2006	48 %	3.744 €	2024	16 %	1.248 €
2007	46 %	3.588 €	2025	15 %	1.170 €
2008	44 %	3.432 €	2026	14 %	1.092 €
2009	42 %	3.276 €	2027	13 %	1.014 €
2010	40 %	3.120 €	2028	12 %	936 €
2011	38 %	2.964 €	2029	11 %	858 €
2012	36 %	2.808 €	2030	10 %	780 €
2013	34 %	2.652 €	2031	9 %	702 €
2014	32 %	2.496 €	2032	8 %	624 €
2015	30 %	2.340 €	2033	7 %	546 €
2016	28 %	2.184 €	2034	6 %	468 €
2017	26 %	2.028 €	2035	5 %	390 €
2018	24 %	1.872 €	2036	4 %	312 €
2019	22 %	1.716 €	2037	3 %	234 €
2020	20 %	1.560 €	2038	2 %	156 €
2021	19 %	1.482 €	2039	1 %	78 €
2022	18 %	1.404 €	2040 und später	0 %	0 €

In der Tabelle 7 werden die Versorgungsfreibeträge (als steuerfreier Teil der Pension) den steuerfreien Anteilen der gesetzlichen Rente gegenüber gestellt. Aus dieser Gegenüberstellung wird ersichtlich, dass die Versorgungsfreibeträge von 2005 bis 2040 in gleichem Maß abgebaut werden wie die steuerfreien Anteile der gesetzlichen Rente.

Der Pensionär genießt den steuerlichen Versorgungsfreibetrag während der gesamten Pensionsdauer. Ähnlich wie beim steuerfreien Anteil der gesetzlichen Rente handelt es sich um einen Festbetrag, der sich grundsätzlich nicht ändert. Jährliche Pensionssteigerungen werden wie die Rentensteigerungen voll versteuert.

Tatsächlich besteht der gesamte Versorgungsfreibetrag aus zwei Teilen – dem Versorgungsfreibetrag im engeren Sinne von ehemals 40 Prozent der Bruttopension, aber maximal 3.000 Euro, und einem Zuschlag zu diesem Versorgungsfreibetrag von 900 Euro für vor 2005 bezogene Beamtenpensionen.

In der obigen Tabelle werden Versorgungsfreibetrag im engeren Sinne und Zuschlag aus Vereinfachungsgründen zu einem Versorgungsfreibetrag im weiteren Sinne zusammengefasst. Dieser gesamte Versorgungsfreibetrag von ehemals 3.900 Euro vermindert sich in den Jahren 2006 bis 2020 um jeweils 4 Prozent jährlich und ab 2021 bis 2040 um jeweils 2 Prozent.

Bei Pensionsbeginn in 2020 sind somit bereits 60 Prozent von 3.900 Euro abzuziehen, so dass nur noch 40 Prozent bzw. 1.560 Euro für den Versorgungsfreibetrag verbleiben. Diese 40 Prozent bzw. 1.560 Euro werden dann in den folgenden 20 Jahren bis auf Null Euro bei einem Pensionsbeginn ab 2040 abgeschmolzen.

Für Neupensionäre ab 2040 bleibt wie für Neurentner nur noch eine **Werbungskostenpauschale** von jährlich 102 Euro übrig. Höhere Werbungskosten wie beispielsweise für ein Versorgungsgutachten, Beiträge für eine Beamtengewerkschaft, Steuerberatungskosten oder Fachliteratur zur Beamtenversorgung müssen einzeln nachgewiesen werden.

Im Vergleich zum Arbeitnehmerpauschbetrag von 1.000 Euro für aktive Arbeitnehmer und Beamte ist diese Regelung spätestens ab Pensionsbeginn in 2028 ein Nachteil, da der Versorgungsfreibetrag dann unter 1.000 Euro fällt. Nur für ehemalige Beamte, die bis zum Jahr 2027 in Pension gehen, bleibt wegen des über 1.000 Euro liegenden Versorgungsfreibetrags ein finanzieller Vorteil, der allerdings nicht allzu groß ist.

Beispielsweise gibt es bei Pensionsbeginn in 2018 noch einen Versorgungsfreibetrag von 1.872 Euro, der über dem Arbeitnehmerpauschbetrag von 1.000 Euro für Arbeitnehmer und Beamte liegt. Dieser Überschuss von 872 Euro jährlich macht monatlich aber nur knapp 73 Euro aus, was selbst bei Annahme des Spitzensteuersatzes von 44,31 Prozent nur zu einer zusätzlichen Steuerersparnis von 32 Euro im Vergleich zum aktiven Beamten führt.

Anlage N für Beamtenpensionen

Anders als beim Rentner ändert sich für Pensionäre beim Übergang in den Ruhestand aus steuerlicher Sicht daher nur wenig. Beamtenpensionäre erhalten von ihrer Versorgungsstelle (zum Beispiel Landesamt für Besoldung und Versorgung) weiterhin eine jährliche Lohnsteuerbescheinigung.

Dem Ausdruck der elektronischen Lohnsteuerbescheinigung für das abgelaufene Jahr (zum Beispiel vom 01.01.2017 bis 31.12.2017), die typischerweise zu Anfang des folgenden Jahres (zum Beispiel im Januar 2018) den Beamtenpensionären übersandt und gleichzeitig maschinell an die Finanzverwaltung versandt wird, sind die Beträge zu entnehmen, die in den entsprechenden Zeilen der Anlage N einzutragen sind.

Dazu zählen im Einzelnen folgende insgesamt sechs Beträge:

- Bruttoarbeitslohn (Nr. 3 der Lohnsteuerbescheinigung, einzutragen in Zeile 6 der Anlage N)
- Lohnsteuer (Nr. 4 der Lohnsteuerbescheinigung, einzutragen in Zeile 7 der Anlage N)
- Solidaritätszuschlag (Nr. 5 der Lohnsteuerbescheinigung, einzutragen in Zeile 8 der Anlage N)
- evtl. Kirchensteuer (Nr. 6 der Lohnsteuerbescheinigung, einzutragen in Zeile 9 der Anlage N)
- steuerbegünstigte Versorgungsbezüge (Nr. 8 der Lohnsteuerbescheinigung, einzutragen in Zeile 11 der Anlage N, soweit diese Versorgungsbezüge in Nr. 3 der Lohnsteuerbescheinigung bzw. Zeile 6 der Anlage enthalten sind)

- Bemessungsgrundlage für Versorgungsfreibetrag (Nr. 29 der Lohnsteuerbescheinigung, einzutragen in Zeile 12 der Anlage N).

Bei Beamtenpensionären, die keine zusätzlichen Arbeitseinkünfte haben, stimmt der Bruttoarbeitslohn in Zeile 6 mit dem **steuerbegünstigten Versorgungsbezug** in Zeile 11 der Anlage N vollständig überein. Nur bei Pensionären, die noch zusätzlich Einkünfte aus nichtselbstständiger Arbeit erzielen, liegt der Bruttoarbeitslohn über den Versorgungsbezügen (Beamtenpensionen). Dieser Überschuss ist dann identisch mit dem Bruttoarbeitslohn für die zusätzliche aktive Tätigkeit als Arbeitnehmer oder Beamter.

Unter der **Bemessungsgrundlage für den Versorgungsfreibetrag** ist die erste volle Bruttojahrespension ab Pensionsbeginn zu verstehen. Aus dieser Bemessungsgrundlage (zum Beispiel 30.000 Euro im Jahr 2017) wird der Versorgungsfreibetrag berechnet. In diesem Fall wären das 26 Prozent von 30.000 Euro, maximal aber 2.028 Euro bei Pensionsbeginn ab 01.01.2017.

Dieses Rechenbeispiel zeigt auch, dass nahezu immer der in Spalte 3 oder 6 der Tabelle 7 genannte steuerfreie Anteil der Pension als tatsächlicher Versorgungsfreibetrag in Frage kommt. Es würden nur dann 26 Prozent der ersten Bruttojahrespension angesetzt, wenn diese unter 7.800 Euro jährlich liegen würde. Da die Mindestpension eines Ruhestandsbeamten aber deutlich darüber liegt, sind Beträge unter 7.800 Euro im Jahr überhaupt nur vorstellbar bei geringen Witwen-, Witwer- Halbwaisenoder Vollwaisengeldern.

In Zeile 11 der Anlage N ist im Übrigen noch das Kalenderjahr des Versorgungsbeginns laut Nr. 30 der Lohnsteuerbescheinigung anzugeben. Beim Ruhegehalt eines Beamten gibt es ansonsten keine komplizierten steuerlichen Dinge zu beachten. Es handelt sich bei diesem Ruhegehalt bzw. bei der Bruttopension im engeren Sinne um nachträglichen Arbeitslohn aus einem früheren Dienstverhältnis, der durch den Versorgungsfreibetrag steuerlich begünstigt ist.

Beamtenpensionäre müssen auch nach Inkrafttreten des Alterseinkünftegesetzes ab 2005 weiterhin nur ihr Ruhegehalt als Versorgungsbezüge in der Anlage N ihrer Einkommensteuererklärung eintragen und damit ihre Pension unter Abzug des Versorgungsfreibetrags und der Werbungskostenpauschale von 102 Euro als Einkünfte aus nichtselbstständiger Arbeit versteuern.

Der einmal errechnete und festgestellte Versorgungsfreibetrag bleibt grundsätzlich für die gesamte Laufzeit der Pension bestehen. Er ändert sich nur in Ausnahmefällen, wenn sich das Ruhegehalt beispielsweise infolge von Anrechnungs- und Kürzungsregelungen erhöht oder vermindert. Der wohl häufigste Fall ist die Anrechnung und evtl. Kürzung der Pension durch die gesetzliche Rente aus Pflichtbeiträgen (siehe das folgende Kapitel 3.2).

Versorgungsbezüge von Hinterbliebenen

Versorgungsbezüge erhalten nicht nur ehemalige Beamte, sondern nach deren Tod auch ihre Hinterbliebenen, also Witwen, Witwer, Halbwaisen oder Vollwaisen. Auch Witwen- bzw. Witwergeld sowie Halb- bzw. Vollwaisengeld werden in der Lohnsteuerbescheinigung eingetragen unabhängig davon, ob der hinterbliebene Ehegatte oder das hinterbliebene Kind darüber hinaus eigene Einkünfte aus nichtselbstständiger Tätigkeit erzielt.

Für die Witwen-, Witwer- und Waisengelder der Hinterbliebenen gelten also die gleichen steuerlichen Prinzipien wie beim Ruhegehalt. Sie erhalten als Rechtsnachfolger des verstorbenen Beamten Einkünfte aus nichtselbstständiger Arbeit und werden steuerlich wie Arbeitnehmer behandelt.

Die Hinterbliebenen von Beamten erhalten außer dem **Witwen- bzw. Witwergeld** und **Waisengeld** darüber hinaus einmalige Versorgungsleistungen wie die Bezüge (Bruttogehalt oder Bruttopension) für den Sterbemonat sowie das **Sterbegeld** in Höhe der doppelten Bezüge des Verstorbenen. Bezüge für den Sterbemonat und das Sterbegeld machen somit das Dreifache des Bruttogehalts bzw. der Bruttopension des verstorbenen Beamten bzw. Pensionärs aus.

Die Bezüge für den Sterbemonat werden steuerlich wie Arbeitslohn behandelt, während es sich beim Sterbegeld um steuerbegünstigte Versorgungsbezüge handelt.

Auf die oft komplizierte Berechnung von Witwengeld, Witwergeld, Halbwaisengeld oder Vollwaisengeld soll an dieser Stelle nicht im Detail eingegangen werden. Nur so viel sei angemerkt: Witwen- bzw. Witwergeld betragen 55 bzw. 60 Prozent des Ruhegehalts des verstorbenen Beamten, vergleichbar mit der Witwen- bzw. Witwerrente in der gesetzlichen Rentenversicherung. Halbwaisen- bzw. Vollwaisengeld machen 12 bzw. 20 Prozent des Ruhegehalts aus.

Besonders kompliziert wird es, wenn der überlebende Ehegatte (zum Beispiel die Witwe) selbst Beamter oder Pensionär ist und somit ein eigenes Bruttogehalt bzw. eine eigene Bruttopension bezieht. In diesem Fall greifen Kürzungsvorschriften.

Wenn die Witwe eines verstorbenen Beamten aber über das Witwengeld hinaus nur eine eigene gesetzliche Rente aus Pflichtbeiträgen und freiwilligen Beiträgen bezieht, führt dies nicht zur Kürzung ihres Witwengeldes.

4.2. Zusammentreffen von Beamtenpensionen und Renten

Gesetzliche Rente aus Pflichtbeiträgen auch für Beamte? Dies ist zwar für Nur-Beamte ausgeschlossen, die bis zur Regelaltersgrenze nie sozialversicherungspflichtig als Arbeitnehmer beschäftigt waren. Jeder dritte Beamte war aber vor der Berufung ins Beamtenverhältnis mindestens fünf Jahre Arbeitnehmer und hat daher einen Rentenanspruch erworben. Oft war er zunächst Angestellter im öffentlichen Dienst, bevor er anschließend verbeamtet wurde.

Anrechnung von Renten aus Pflichtbeiträgen auf die Beamtenpension

Beim Zusammentreffen von Beamtenpension und gesetzlicher Rente aus Pflichtbeiträgen kann es in bestimmten Fällen zwar zur Kürzung der

Beamtenpension kommen, aber niemals zur Kürzung der gesetzlichen Rente oder der Zusatzrente aus dem öffentlichen und kirchlichen Dienst.

Wenn die Beamtenpension gekürzt wird, muss in den Zeilen 6 und 11 der Anlage N die gekürzte Jahresbruttopension angegeben werden. Die ungekürzte gesetzliche Rente wird mit ihrem jeweiligen Jahresbruttobetrag wie bei allen Renten aus der gesetzlichen Rentenversicherung in Zeile 5 der Anlage R eingetragen. Die ungekürzte Zusatzrente aus dem öffentlichen und kirchlichen Dienst gehört in die Zeile 38, sofern sie umlagefinanziert ist (zum Beispiel VBL-Zusatzrente West), oder in die Zeile 31 bei kapitalgedeckter Finanzierung (zum Beispiel VBL-Zusatzrente Ost).

Manche Beamte mit Rentenansprüchen glauben, dass alle Renten auf ihre Beamtenpension angerechnet werden und dann zur Kürzung führen können. Dies ist aus mehreren Gründen so nicht richtig.

Erstens wird nie die Rente gekürzt, sondern immer nur – wenn überhaupt – die Beamtenpension. Zweitens werden nur Renten aus Pflichtbeiträgen zur gesetzlichen Rentenversicherung sowie aus der Zusatzversorgung für Angestellte im öffentlichen und kirchlichen Dienst gekürzt.

Die Anrechnung von Leistungen aus einer berufsständischen Versorgungseinrichtung (für Freiberufler wie Ärzte, Apotheker, Rechtsanwälte oder Steuerberater) oder aus einer bis Ende 1967 möglichen befreienden Lebensversicherung mit einer mindestens 50-prozentigen finanziellen Beteiligung des öffentlichen Arbeitgebers ist mittlerweile umstritten. Nach der Entscheidung des Bayerischen Verfassungsgerichtshofes (BayVerfGH) vom 06.12.2017 ist die Anrechnung solcher Leistungen verfassungswidrig und verstößt somit gegen Artikel 85 Absatz 1 Nummer 5 des Bayerischen Beamtenversorgungsgesetzes. Bundesländer wie Bayern und auch der Bund müssen ihre Beamtenversorgungsgesetze entsprechend ändern, sofern nicht das Bundesverfassungsgericht ein anderes Urteil fällt.

In den Beamtenversorgungsgesetzen ist vom „Zusammentreffen von Versorgungsbezügen mit Renten" die Rede mit der wichtigen Ergänzung:

„Versorgungsbezüge werden neben Renten nur bis zum Erreichen der in Absatz 2 bezeichneten Höchstgrenze gezahlt".[29]

Diese **Höchstgrenze** ist nichts anderes als die Höchstversorgung von 71,75 Prozent des Bruttoendgehalts abzüglich eines evtl. Versorgungsabschlags. Erst wenn diese Höchstgrenze überschritten wird, kommt es bei der aus Pflichtbeiträgen stammenden gesetzlichen Rente und den anderen genannten Renten wie beispielsweise der VBL-Zusatzrente im öffentlichen Dienst zur Kürzung der Pension.

Dazu das folgende Beispiel:

Bruttopension 3.000 Euro
gesetzliche Rente 400 Euro
VBL-Zusatzrente aus dem öffentlichen Dienst 100 Euro
Summe von Pension und Renten 3.500 Euro (= 3.000 Euro Bruttopension + 500 Euro Gesamtrente brutto)
Bruttoendgehalt 4.600 Euro
Höchstversorgung 3.300,50 Euro (= 71,75 Prozent von 4.600 Euro)

Folgerung: Da die Summe aus Pension, gesetzlicher Rente und Zusatzrente in Höhe von insgesamt 3.500 Euro die Höchstversorgung von 3.300,50 Euro um 199,50 Euro überschreitet, wird die Beamtenpension (nicht die gesetzliche Rente oder Zusatzrente) um diese 199,50 Euro gekürzt. Die Summe aus den beiden Renten von 500 Euro und der auf 2.800,50 Euro gekürzten Pension stimmt dann wieder genau mit der Höchstversorgung von 3.300,50 Euro überein.

Durch diese Regelung soll eine **Überversorgung** vermieden werden. Diese läge vor, wenn Beamtenpension und gesetzliche Rente aus Pflicht-

---

[29] § 55 Abs. 1 BeamtVG

beiträgen zusammen den Höchstsatz bzw. die Höchstversorgung von 71,75 Prozent des letzten Bruttogehalts abzüglich evtl. Versorgungsabschlag übersteigen würden.

Wichtig: Sofern die Beamtenpension vor Erreichen der Regelaltersgrenze und damit vor Zahlung der Regelaltersrente bezogen wird, kommt es noch nicht zur Kürzung der Pension. Diese Frühpension wird also bis zum Erhalt der Regelaltersrente ungekürzt ausgezahlt. Erst wenn die Regelaltersgrenze erreicht wird und dann auch die beiden Renten ausgezahlt werden, erfolgt die Kürzung der Pension. Der Pensionär ist verpflichtet, seiner Versorgungsstelle den Bezug der Renten mitzuteilen. Darauf wird er im Versorgungsbescheid ausdrücklich hingewiesen.

Unabhängig vom Verstoß gegen die Informationspflicht ist ein Verschweigen der Renteneinkünfte aus Pflichtbeiträgen völlig sinnlos, da mittlerweile alle Versicherungsträger und Ämter bei staatlichen Alterssicherungssystemen untereinander Kontrollmitteilungen versenden. Die Auszahlung der Renten würde also so oder so auffliegen.

Fälligkeit der gesetzlichen Rente für Beamte

Die gesetzliche Rente für Pensionäre, die vor ihrem Eintritt in das Beamtenverhältnis als Angestellte beschäftigt waren, wird in fast allen Fällen erst nach Erreichen der Regelaltersgrenze ausgezahlt. Der Normalfall für Pensionäre ist also die **Regelaltersrente**, die erst mit Erreichen der Regelaltersgrenze auf Ihren Rentenantrag hin fällig ist.

Die **vorgezogene Altersrente** mit 63 Jahren für langjährig Versicherte wird bei Beamten die große Ausnahme bleiben, da Beamte nur selten auf 35 Versicherungsjahre kommen. Dies ist nur denkbar, wenn sie nach Beendigung ihrer Angestelltentätigkeit und Wegfall der Versicherungspflicht in der gesetzlichen Rentenversicherung jahrelang freiwillige Beiträge zur gesetzlichen Rente geleistet haben. Gleiches gilt für die vorgezogene Altersrente für schwerbehinderte Menschen, für die ebenfalls 35 Versicherungsjahre bis zum frühesten Rentenbeginn mit 63 Jahren nachgewiesen werden müssen.

Nur Beitragserstattung bei nicht erfüllter Wartezeit

Sofern die Wartezeit von fünf Jahren in der gesetzlichen Rentenversicherung nicht erfüllt ist, entsteht kein Rentenanspruch. Dies gilt auch, wenn Arbeitgeber und Arbeitnehmer beispielsweise vier Jahre lang Pflichtbeiträge gezahlt haben und kein freiwilliger Beitrag entrichtet wurde.

Als ehemals Pflichtversicherter hat der Arbeitnehmer nur die Möglichkeit der **Beitragserstattung**. Die Deutsche Rentenversicherung erstattet auf Antrag des Pensionärs nach Erreichen der Regelaltersgrenze aber nur die von ihm geleisteten eigenen Beiträge, also den jeweiligen Arbeitnehmeranteil zur gesetzlichen Rentenversicherung.

Ähnlich geht übrigens die Zusatzversorgungskasse bei ehemaligen Angestellten im öffentlichen Dienst vor, wenn die fünfjährige Wartezeit für einen Anspruch auf Zusatzrente nicht erfüllt ist. Laut Satzung der Versorgungsanstalt des Bundes und der Länder (VBL) muss der Antrag auf Beitragserstattung beispielsweise bis zum 67. Lebensjahr gestellt werden, ansonsten verfällt er.

Obwohl die Beitragserstattung für den Pensionär keine Rente darstellt und auch zu keinem Ertrag führen kann, wird ab 2002 ein fiktiver Rentenanteil auf die Pension angerechnet und kann im Ausnahmefall sogar zur Kürzung der Pension führen.

Die Summe der geleisteten eigenen Beiträge wird bei einer Pflichtbeitragszeit von weniger als fünf Jahren aber nur in ganz seltenen Fällen über beispielsweise 1.000 Euro hinausgehen, da diese Zeit meist mehrere Jahrzehnte zurückliegt. Auch die daraus errechnete fiktive gesetzliche Rente wird dann entsprechend minimal sein.

Es gibt aber eine ganz einfache Möglichkeit, die Nachteile einer Beitragserstattung zu vermeiden. Zahlen Sie freiwillige Beiträge für so viele Monate, wie Ihnen noch an der fünfjährigen Wartezeit fehlen. Eine lebenslange gesetzliche Rente – und sei sie auch noch so gering – ist immer noch besser als eine Beitragserstattung. Hinzu kommt noch, dass viele Pensionäre den Antrag auf Beitragserstattung bei der Deutschen Rentenversicherung komplett vergessen oder beispielsweise erst mit 70 Jahren und später bei der VBL einreichen, wenn es bereits zu spät ist.

Nicht eingeforderte Beitragserstattungen kommen der Versichertengemeinschaft zugute. Die Deutsche Rentenversicherung und die jeweilige Zusatzversorgungskasse sind nicht verpflichtet, ihre Pflichtversicherten auf das Recht der Beitragserstattung ausdrücklich hinzuweisen.

Keine Anrechnung der gesetzlichen Rente aus freiwilligen Beiträgen

Rund 1,8 Millionen Beamte, Richter und Soldaten sind versicherungsfrei[30], da sie im Ruhestand Anspruch auf Versorgungsbezüge (Pensionen) haben. Sie können sich aber seit 11.08.2010 zusätzlich freiwillig in der gesetzlichen Rentenversicherung versichern.

Ausgerechnet über die gesetzliche Rente für Beamte (Richter und Soldaten seien damit eingeschlossen) kursieren jedoch die wildesten Gerüchte. Mal wird behauptet, Beamte dürften überhaupt keine gesetzliche Rente bekommen, da sie ja bereits eine Pension erhielten. Oder es wird fälschlicherweise behauptet, Beamte dürften überhaupt keine freiwilligen Beiträge zur gesetzlichen Rente zahlen. Und schließlich wird die Mär erzählt, auch die gesetzliche Rente aus freiwilligen Beiträgen würde später auf die Pension angerechnet und dann zur Kürzung der Pension führen.

Diese drei Behauptungen sind falsch oder zumindest nur halbwahr. Richtig sind vielmehr folgende Tatsachen:

1. Laut Alterssicherungsbericht 2017 der Bundesregierung erhält jeder dritte Beamte später außer der Beamtenpension zusätzlich noch eine gesetzliche Rente, da er vor Berufung in das Beamtenverhältnis Angestellter im öffentlichen Dienst oder in der Privatwirtschaft und damit rentenversicherungspflichtig war. Nur-Beamte, die nie rentenversicherungspflichtig waren und auch keine freiwilligen Beiträge zur gesetzlichen Rente gezahlt haben, bekommen auch nur ihre Beamtenpension und keine zusätzliche gesetzliche Rente.

---

[30] § 5 Abs. 1 SGB VI, siehe https://www.gesetze-im-internet.de/sgb_6/__5.html

2. Alle Beamten dürfen freiwillige Beiträge zur gesetzlichen Rente zahlen. Spätestens seit der Gesetzesänderung vom 11.08.2010 kann sich jeder Beamte – also auch der Nur-Beamte, der vorher nie pflichtversichert war – freiwillig in der gesetzlichen Rentenversicherung versichern und somit freiwillige Beiträge zur gesetzlichen Rente zahlen. Vorher war dies nur möglich, wenn er aufgrund einer sozialversicherungspflichtigen Tätigkeit bereits die Wartezeit von fünf Jahren durch Zahlung von Pflichtbeiträgen erfüllt hatte[31].

3. Die gesetzliche Rente aus freiwilligen Beiträgen wird grundsätzlich nicht auf die Beamtenpension angerechnet. Es sei denn, der Dienstherr oder Arbeitgeber würde mindestens 50 Prozent des freiwilligen Beitrags zahlen, was aber so gut wie nie vorkommt. Wenn überhaupt, kann nur die gesetzliche Rente aus Pflichtbeiträgen auf die Beamtenpension angerechnet werden.

Leider findet sich auch in den beiden Merkblättern V0061 und V0062 der Deutschen Rentenversicherung zur freiwilligen Versicherung folgende für Beamte wenig hilfreiche und daher missverständliche Formulierung: *„Wenn Sie aufgrund der Gewährleistung von Versorgungsanwartschaften versicherungsfrei sind (z.B. als Beamter, Richter oder Soldat), möchten wir Sie darauf aufmerksam machen, dass sich in vielen Fällen ein Rentenbezug mindernd auf Versorgungsbezüge auswirken kann. Für weitergehende Informationen empfehlen wir Ihnen, sich mit Ihrem Dienstherrn oder Ihrer Versorgungsdienststelle in Verbindung zu setzen "*[32].

Auch in den offiziellen Rechtsanweisungen bleibt es bei dieser Halbwahrheit, wie die folgenden mit gleich drei Paragrafen „geschmückten" Hinweise zeigen: *„Soweit nach § 5 Abs. 1 Satz 1 SGB VI versicherungsfreie Personen von der für sie seit 11.8.2010 geltenden Regelung des § 7 SGB VI Gebrauch machen wollen, sind sie auf die möglichen Auswirkungen der*

---

[31] Quellen: § 7 Abs. 1 SGB VI neue Fassung ab 11.8.2010 sowie § 7 Abs. 1 und 2 gültige alte Fassung bis 10.8.2010

[32] http://www.deutsche-rentenversicherung.de/Allgemein/de/Inhalt/ 5_Services/04_formulare_und_antraege/_pdf/V0061.pdf?__blob=publicationFil e&v=22

Rentenzahlungen auf die Versorgung zum Beispiel nach § 55 BeamtVG hinzuweisen. Verbindliche Auskünfte können jedoch nur der Dienstherr bzw. die zuständige Versorgungsdienststelle erteilen".

Tatsache ist:

Nur die gesetzliche Rente aus Pflichtbeiträgen kann auf die Pension angerechnet werden. Es kommt nur dann zur Kürzung der Pension, wenn die Summe aus Beamtenpension und aus Pflichtbeiträgen stammender gesetzlicher Rente höher als das Höchstruhegehalt abzüglich evtl. Versorgungsabschlag ausfällt. Die gesetzliche Rente aus freiwilligen Beiträgen kann niemals zur Kürzung der Pension führen, falls der freiwillig versicherte Beamte den Beitrag ganz allein finanziert[33].

Der in den Rechtsanweisungen erwähnte Paragraf 55 des für Bundesbeamte geltenden Beamtenversorgungsgesetzes stellt in Absatz 4 Satz 1 Ziffer 2 klar, dass der Teil der gesetzlichen Rente, der *„dem Verhältnis der Entgeltpunkte für freiwillige Beiträge zu der Summe der Entgeltpunkte für freiwillige Beiträge, Pflichtbeiträge, Ersatzzeiten, Zurechnungszeiten und Anrechnungszeiten entspricht"*, nicht auf die Beamtenpension angerechnet werden darf.

In den Beamtenversorgungsgesetzen der Länder wie im Bayerischen Beamtenversorgungsgesetz (BayBeamtVG) heißt es in Artikel 85 Absatz 5 hinsichtlich der Anrechnung der gesetzlichen Rente auf die Beamtenpension noch klarer: *„... bleibt der Teil der Rente außer Ansatz, der auf freiwilligen Beitragsleistungen oder auf einer Höherversicherung beruht. Dies gilt nicht, soweit der Arbeitgeber mindestens die Hälfte der Beiträge oder Zuschüsse in dieser Höhe geleistet hat".*

Trotz aller gegenteiligen Gerüchte bleibt es in allen Beamtenversorgungsgesetzen für den Bund und die 16 Bundesländer dabei: Eine Anrechnung der gesetzlichen Rente aus freiwilligen Beiträgen auf die Beamtenpension unterbleibt, soweit sie auf einer überwiegend vom Arbeit-

---

[33] Quellen: § 55 Abs. 1 und 2 i.V.m. § 14 Abs. 3 BeamtVG für gesetzliche Rente aus Pflichtbeiträgen sowie § 55 Abs. 4 BeamtVG für gesetzliche Rente aus freiwilligen Beiträgen, siehe https://www.gesetze-im-internet.de/beamtvg/__55.html

nehmer bzw. Beamten finanzierten freiwilligen Versicherung beruhen. Dies hat auch das Urteil des Verwaltungsgerichts Koblenz vom 12.8.2016 (Az. 5 K 280/16 KO)[34] klargestellt.

Leider wird der Anteil der Entgeltpunkte aus freiwilligen Beiträgen im Verhältnis zu den Gesamtentgeltpunkten bzw. der Anteil der gesetzlichen Rente, der auf freiwilligen Beitragsleistungen beruht, in Rentenauskünften und späteren Rentenbescheiden der Deutschen Rentenversicherung nicht ausdrücklich ermittelt. Bei den Gesamtentgeltpunkten werden zwar die Entgeltpunkte für Beitragszeiten genannt. Dabei wird aber nicht zwischen Entgeltpunkten für Pflichtbeitragszeiten und Entgeltpunkten für Zeiten mit freiwilligen Beiträgen unterschieden. Und auch die Höhe der gesetzlichen Rente aus freiwilligen Beiträgen wird nicht extra ausgewiesen.

Der Beamte, der freiwillige Beiträge zahlt und später eine gesetzliche Rente bezieht, muss also wohl oder übel diesen Anteil selbst berechnen und seiner zuständigen Versorgungsdienststelle eine plausible und nachvollziehbare Berechnung nebst Rentenbescheid zusenden.

Diese Berechnung erfolgt, indem die Entgeltpunkte aus freiwilligen Beiträgen in Prozent der Gesamtentgeltpunkte des Rentenbescheids ausgedrückt werden. Im Prinzip geschieht dies nach dem **beitragsproportionalen Verfahren**, wie es in einem anderen Zusammenhang schon bei der Betriebs- und Zusatzrente angewendet wird. Liegt dieser Anteil beispielsweise bei 30 Prozent der gesetzlichen Rente, bleibt dieser auf freiwilligen Beitragsleistungen beruhende Rentenanteil von einer Anrechnung auf die Beamtenpension auf jeden Fall verschont.

Dies ist auch völlig logisch, da auch aus eigenen Beiträgen finanzierte Betriebsrenten, Riester-Renten, Rürup-Renten oder Renten aus der privaten Rentenversicherung nicht auf die Beamtenpension angerechnet werden. Etwas anderes gilt nur für Zusatzrenten aus dem öffentlichen Dienst, weil es sich dabei um eine Pflichtversicherung handelt.

---

[34] https://vgko.justiz.rlp.de/de/startseite/detail/news/detail/News/vg-koblenz-keine-doppelversorgung-aus-oeffentlichen-kassen-fuer-beamte/

Somit steht fest: Aus eigenen Beiträgen finanzierte Renten (gesetzliche Rente, Betriebsrente, Riester-Rente, Rürup-Rente oder Rente aus der privaten Rentenversicherung) können nicht zur Kürzung der Beamtenpension führen.

4.3. Besteuerung von Werkspensionen

Leistungen aus einer **Direktzusage (Pensionszusage)** und aus einer **betrieblichen Unterstützungskasse** werden im Gegensatz zu den Betriebsrenten aus einer Direktversicherung, Pensionskasse oder einem Pensionsfonds als Einkünfte aus nichtselbstständiger Arbeit in voller Höhe besteuert, da weder Arbeitnehmer noch Arbeitgeber während der aktiven Beschäftigungszeit Beiträge hierfür gezahlt haben. Es handelt sich also wie bei den Beamtenpensionen um die klassische Form der nachgelagerten Besteuerung.

Diese Leistungen aus Direktzusagen oder Unterstützungskassen, die ebenfalls als Betriebsrenten im weiteren Sinne gelten, sind daher genauer als Werks- bzw. Betriebspensionen zu bezeichnen. Werkspensionäre erhalten wie Beamtenpensionäre vom früheren Arbeitgeber eine Lohnsteuerbescheinigung, der alle notwendigen Beträge für das Eintragen in Anlage N (Einkünfte aus nichtselbstständiger Arbeit) zu entnehmen sind. Dazu zählen, wie schon im Kapitel 4.1 beschrieben, die Zeilen 6 bis 9 der Anlage N.

Den meisten Werkspensionären steht auch ein Versorgungsfreibetrag zu, der demzufolge dann in den Zeilen 11 und 12 der Anlage N eingetragen wird. Voraussetzung dafür ist, dass es sich bei den Werkspensionen um steuerbegünstigte Versorgungsbezüge handelt. Wenn dies der Fall ist, wird dafür wie bei den Beamtenpensionen ein Versorgungsfreibetrag gewährt.

Steuerbegünstigte Versorgungsbezüge mit dem Anrecht auf einen Versorgungsfreibetrag nach Tabelle 7 in Kapitel 4.1 liegen dann vor, wenn der ehemalige Arbeitnehmer seine Werkspension nach Vollendung des 63. Lebensjahres erhält. Schwerbehinderte müssen das 60. Lebensjahr vollendet haben. Auch beim Bezug einer Werkspension wegen Berufs-

oder Erwerbsunfähigkeit liegt ein steuerbegünstigter Versorgungsbezug zu.

Daraus folgt, dass der Versorgungsfreibetrag nur im Falle des Vorruhestands vor dem 63. Lebensjahr bzw. bei schwerbehinderten Menschen vor dem 60. Lebensjahr zunächst entfällt. Mit Vollendung des 63. bzw. 60. Lebensjahres gibt es den Versorgungsfreibetrag aber dann doch.

Wird die Werkspension in einer Summe ausgezahlt, handelt es sich um eine Vergütung für mehrere Jahre. Diese Kapitalzahlung ist nach der sogenannten **Fünftelregelung** steuerlich begünstigt, wenn die Auszahlung zusammengeballt in einem Jahr erfolgt. Die Gründe für die Kapitalisierung von Versorgungsbezügen spielen dabei keine Rolle. Teilkapitalauszahlungen sind allerdings nicht nach der Fünftelregelung begünstigt.

5. STEUERN SPAREN MIT PRIVATEN AUSGABEN

Es gibt eine Fülle von privaten Ausgaben, die aus bestimmten sozialen und steuerpolitischen Gründen unter **Sonderausgaben** steuerlich abgesetzt werden können. Dazu gehören außer den in Kapitel 2 erwähnten Altersvorsorgebeiträgen vor allem die Beiträge zur Kranken- und Pflegeversicherung.

Wer Kirchensteuer zahlt, kann die gezahlte Kirchensteuer abzüglich eventueller Erstattungen in voller Höhe unter Sonderausgaben abziehen. Gleiches gilt für Spenden und Mitgliedsbeiträge an Organisationen, die gemeinnützige, mildtätige oder kirchliche Zwecke verfolgen.

Weitere steuerlich abzugsfähige Sonderausgaben sind beispielsweise Unterhaltsleistungen an den geschiedenen oder getrennt lebenden Ehegatten sowie Pauschbeträge für behinderte Menschen und die häusliche Betreuung pflegebedürftiger Angehöriger. Auch allgemeine außergewöhnliche Belastungen wie Krankheitskosten, die nicht von der Krankenkasse erstattet werden, zählen nach Abzug eines zumutbaren Eigenanteils dazu.

Außer den steuerlich abzugsfähigen Sonderausgaben, die zu Steuerersparnissen führen, gibt es noch eine Steuervergütung bzw. –ermäßigung durch direkten Abzug von der Einkommensteuer für **Handwerkerleistungen und haushaltsnahe Dienstleistungen**.

5.1. Sonstige Vorsorgeaufwendungen

Versicherungsbeiträge sind entweder Altersvorsorgeaufwendungen (Beiträge zur gesetzlichen Rentenversicherung, zur berufsständischen Versorgung, zur Alterssicherung der Landwirte oder zur Rürup-Rente, siehe Kapitel 2.2) oder sonstige Vorsorgeaufwendungen (Beiträge zur gesetzlichen oder privaten Kranken- und Pflegeversicherung sowie sonstige Beiträge für private Haftpflicht-, Unfall- und Risikolebensversicherungen sowie für vor 2005 abgeschlossene Kapitallebens- und private Rentenversicherungen).

Beiträge zur Kranken- und Pflegeversicherung

Typischerweise machen die **Beiträge zur Kranken- und Pflegeversicherung** bei Rentnern und Pensionären den größten Posten unter den sonstigen Vorsorgeaufwendungen aus. Dabei sind die Beiträge zur gesetzlichen oder privaten Basis-Krankenversicherung und Pflege-Pflichtversicherung in voller Höhe absetzbar, auch wenn sie den Höchstbetrag von 1.900 Euro jährlich für sonstige Vorsorgeaufwendungen von Rentnern und Pensionären übersteigen. Bei zusammen veranlagten Ehegatten (zum Beispiel einem Rentnerehepaar) verdoppelt sich dieser Höchstbetrag auf 3.800 Euro.

Bei Beamten- oder Werkspensionen wird zur Ermittlung der Lohnsteuer eine **Mindestvorsorgepauschale** von 1.900 Euro für alleinstehende und 3.000 Euro für verheiratete, zusammen veranlagte Pensionäre berücksichtigt. Wenn der Basisschutz für die private Krankenversicherung und Pflege-Pflichtversicherung bei verheirateten Pensionären höher als 3.000 Euro ausfällt, können diese tatsächlichen Basisbeiträge bei Vorlage einer entsprechenden Bescheinigung der privaten Krankenkasse schon bei der Lohnsteuerberechnung zugrunde gelegt werden. Dies setzt aber voraus, dass die Pensionäre diese Bescheinigung der für die Auszahlung der Pension zuständigen Versorgungsstelle vorlegen.

Beiträge zur Kranken- und Pflegeversicherung in Anlage Vorsorgaufwand

Die gezahlten **Beiträge zur gesetzlichen Kranken- und Pflegeversicherung** sind auf Seite 1 der Anlage Vorsorgeaufwand einzutragen. In den Zeilen 12 und 14 geht es um die Arbeitnehmerbeiträge zur gesetzlichen Kranken- und sozialen Pflegeversicherung, die den Nr. 25 und 26 der Lohnsteuerbescheinigung des Arbeitgebers zu entnehmen sind.

Gesetzlich krankenversicherte Rentner tragen ihre Beiträge zur gesetzlichen Kranken- und sozialen Pflegeversicherung in den Zeilen 17 und 19 ein. Die Höhe dieser Kranken- und Pflegekassenbeiträge können sie der Bescheinigung der Deutschen Rentenversicherung oder der gesetzlichen Krankenkasse entnehmen. In Zeile 23 sind die über die Basisabsicherung hinausgehenden Beiträge zur gesetzlichen Krankenversicherung (zum Beispiel für Wahlleistungen und Zusatzversicherung) einzutragen.

Beiträge zur privaten Kranken- und Pflegeversicherung gehören in die Zeilen 24 bis 29 auf Seite 1 der Anlage Vorsorgeaufwand. Die Beiträge zur privaten Basis-Krankenversicherung und privaten Pflege-Pflichtversicherung sind in den Zeilen 24 und 25 einzutragen und werden privat krankenversicherten Rentnern oder Pensionären von ihrer privaten Krankenkasse bescheinigt. Beamten- oder Werkspensionäre finden diese Beiträge auch in Nr. 28 der Lohnsteuerbescheinigung, sofern sie die Beitragshöhe ihrem früheren Dienstherrn bzw. früheren Arbeitgeber mitgeteilt haben. Sofern dies nicht geschehen ist, steht in Nr. 28 die Mindestvorsorgepauschale von 1.900 Euro für Ledige oder 3.000 Euro für Verheiratete.

Beitragserstattungen der privaten Krankenkasse sind in Zeile 26 und **Zuschüsse** von dritter Seite zu den Krankenkassenbeiträgen (zum Beispiel Zuschuss der Deutschen Rentenversicherung in Höhe von 7,3 Prozent der gesetzlichen Rente brutto bei privat krankenversicherten Rentnern) in Zeile 27 anzugeben. Die steuerlich abzugsfähigen Beiträge zur privaten Basis-Krankenversicherung und privaten Pflege-Pflichtversicherung werden durch Beitragserstattungen vermindert und durch Beitragszuschüsse entsprechend erhöht.

Über die Basisabsicherung hinausgehende Beträge zur privaten Krankenversicherung (zum Beispiel für Wahlleistungen und Zusatzversicherungen) und Beiträge zu zusätzlichen Pflegeversicherungen (zum Beispiel private Pflegekostenversicherung) werden in den Zeilen 28 und 29 der Anlage Vorsorgeaufwand eingetragen.

Höhe der Kranken- und Pflegekassenbeiträge

Verheiratete Rentner, die beispielsweise neben der gesetzlichen Rente von 1.440 Euro noch eine Betriebs- oder Zusatzrente von beispielsweise monatlich 480 Euro brutto und damit einem Drittel der gesetzlichen Rente erhalten, kommen bereits auf einen monatlichen Beitrag zur gesetzlichen Kranken- und Rentenversicherung in Höhe von insgesamt 246 Euro. Dies ist bereits fast so viel wie die jährliche Mindestvorsorgepauschale von 3.000 Euro ausmacht. Dabei ist ein Kranken- und Pflegeversicherungsbeitrag des Ehegatten noch gar nicht mitberücksichtigt.

Beamtenpensionäre sind zu über 90 Prozent privat krankenversichert und erhalten außer der staatlichen Beihilfe in Höhe von 70 Prozent der Krankheitskosten noch Leistungen von der privaten Krankenkasse. Der monatliche Beitrag für die private Krankenversicherung und die private Pflege-Pflichtversicherung liegt für einen alleinstehenden Pensionär bei rund 200 Euro und für ein verheiratetes Pensionärsehepaar in etwa doppelt so hoch.

Diese Beispielrechnungen zeigen, dass der Höchstbetrag für sonstige Vorsorgeaufwendungen auch bei Rentnern und Pensionären meist schon für die Kranken- und Pflegekassenbeiträge draufgeht. Somit gehen zusätzliche Beiträge für private Haftpflicht-, Unfall- und Risikolebensversicherungen sowie für Kapital-Lebensversicherungen und private Rentenversicherungen mit Vertragsabschluss vor 2005 aus steuerlicher Sicht praktisch verloren.

Hinzu kommt, dass Beiträge zur Kapital-Lebensversicherung und privaten Rentenversicherung mit Neuabschluss ab 2005 grundsätzlich nicht mehr steuerlich abzugsfähig sind. Bei vor 2005 abgeschlossenen Verträgen sind die Beiträge zur Kapital-Lebensversicherung und privaten Rentenversicherung mit Kapitalwahlrecht noch zu 88 Prozent im Rahmen der Höchstbeträge für sonstige Vorsorgeaufwendungen abzugsfähig.

Vorauszahlung von Beiträgen zur Krankenversicherung

Ein spezieller Paragraf im Einkommensteuergesetz erlaubt seit 2010 die Vorauszahlung von Krankenversicherungsbeiträgen für privat Krankenversicherte und freiwillig Versicherte in der gesetzlichen Krankenversicherung für maximal zweieinhalb Jahre.[35] Diese mögliche Vorauszahlung gilt auch für Beiträge zur privaten oder gesetzlichen Pflege-Pflichtversicherung.

Was auf den ersten Blick widersinnig erscheint, entpuppt sich bei näherem Hinsehen als ein privates Steuersparmodell. Wenn ein Pensionärsehepaar beispielsweise im Jahr 2018 außer dem Jahresbeitrag von beispielsweise 4.000 Euro für die private Basis-Krankenversicherung und

---

[35] § 10 Abs. 1 Nr. 4 Satz 4 EStG

die private Pflege-Pflichtversicherung noch die Beiträge für 2019, 2020 und die erste Hälfte des Jahres 2021 im Voraus bezahlt, sind im Jahr 2018 zusätzlich 10.000 Euro steuerlich abzugsfähig. Diese führen zu einer ansehnlichen Steuerersparnis für das Jahr 2018.

In den Jahren 2019 und 2020 können dann die Beiträge zur privaten Haftpflicht- und Unfallversicherung sowie zu einer privaten Pflegekostenversicherung, die in den Jahren 2010 bis 2018 aus steuerlicher Sicht regelmäßig unter den Tisch fielen, steuerlich abgesetzt werden bis zu einem Höchstbetrag von 3.800 Euro pro Jahr.

Da die Kranken- und Pflegekassenbeiträge auch für das erste Halbjahr 2021 im Voraus bezahlt werden, bleibt steuerlich auch noch Luft für die Beiträge zur privaten Haftpflicht-, Unfall- und Pflegekostenversicherung im Jahr 2021. Schließlich wird der Höchstbetrag von 3.800 Euro im Jahr 2021 durch die noch zu zahlenden Kranken- und Pflegekassenbeiträge für das zweite Halbjahr 2021 nicht voll ausgeschöpft.

Wer glaubt, diese Vorauszahlung von Beiträgen zur Kranken- und Pflegeversicherung sei ein illegaler Trick, irrt. Nicht nur der bereits erwähnte Paragraf im Einkommensteuergesetz räumt diese Möglichkeit ausdrücklich ein. Auch der Bundesfinanzhof hat dieses legale Steuersparmodell in zwei Urteilen vom 16.11.2011 und 09.09.2015 abgesegnet (Az. X R 15/09[36] und X R 5/13[37]). Und das Bundesfinanzministerium hat alles Nähere dazu in einem aktuellen Schreiben Ende Mai 2017 unter den Randnummern 134 bis 158 verkündet (siehe BMF-Schreiben vom 24.05.2017)[38].

Die mögliche Vorfreude auf praktische Umsetzung dieses Steuersparmodells wird aber durch zwei Tatsachen gedämpft. Erstens ist die Vorauszahlung von Krankenversicherungsbeiträgen bis zum 2,5-Fachen eines Jahresbeitrags nicht für Rentner möglich, die in der Krankenversiche-

---

[36] https://datenbank.nwb.de/Dokument/Anzeigen/429630/
[37] https://datenbank.nwb.de/Dokument/Anzeigen/557931/
[38] https://datenbank.nwb.de/Dokument/Anzeigen/696289/
Az. IV C 3 - S 2221/16/10001

rung der Rentner (KVdR) als Pflichtmitglieder gesetzlich krankenversichert sind. Die Deutsche Rentenversicherung und die Versorgungseinrichtungen für die Betriebs- und Zusatzrente sind verpflichtet, von der jeweiligen Bruttorente nur den Beitrag zur gesetzlichen Kranken- und Pflegeversicherung einzubehalten und nicht mehr. Generell ist eine Vorauszahlung von Krankenversicherungsbeiträgen für Pflichtversicherte in der gesetzlichen Krankenversicherung nicht erlaubt.

Zweitens muss die jeweilige Krankenkasse bei freiwillig in der gesetzlichen Krankenversicherung versicherten Rentnern oder Pensionären der Vorauszahlung zustimmen. Bei privat Krankenversicherten ist diese Zustimmung nicht erforderlich, da diese ihren Kranken- und Pflegeversicherungsbeitrag von ihrem Konto abbuchen lassen und eine zusätzliche Vorauszahlung leisten können.

Alle privaten Krankenversicherer ermöglichen die Vorauszahlung von Beiträgen zur privaten Krankenversicherung und zur privaten Pflege-Pflichtversicherung. Allerdings akzeptieren laut FAZ vom 14.10.2017 nicht alle privaten Krankenversicherer die Vorauszahlung von Kranken- und Pflegekassenbeiträgen über insgesamt 2,5 Jahre, wie dies beispielsweise bei DKV, Continentale und Signal Iduna möglich ist. Die größte und unter Beamtenpensionären weitaus am häufigsten vorkommende Debeka lässt beispielsweise nur die Vorauszahlung über eineinhalb Jahre zu.

Bei einigen privaten Krankenversicherern gibt es noch einen zusätzlichen Vorteil bei Beitragsvorauszahlungen. Bis zu 4 Prozent Rabatt gewährt beispielsweise die DKV. Bei HUK Coburg und Axa gibt es 2 Prozent und bei Signal Iduna nur 1 Prozent Rabatt. Keinen Rabatt gewährt jedoch die Debeka.

Beiträge zu privaten Haftpflicht-, Unfall-, Lebens- und Rentenversicherungen

Beiträge zu privaten Haftpflicht-, Unfall – und Risikolebensversicherungen sowie für vor 2005 abgeschlossene Kapitallebensversicherungen und private Rentenversicherungen, die über den Basisschutz in der Kranken- und Pflegeversicherung hinausgehen, sind nur beschränkt bis zum Höchstbetrag für sonstige Vorsorgeaufwendungen absetzbar. Viele Steuerzahler, darunter auch viele Rentner und Pensionäre, können diese

Beiträge gar nicht mehr steuerlich geltend machen, da sie bereits mit ihren Beiträgen zur Basisabsicherung in der Kranken- und Pflegeversicherung den Höchstbetrag für sonstige Vorsorgeaufwendungen ausschöpfen.

Ob dieser Höchstbetrag für sonstige Vorsorgeaufwendungen verfassungsgemäß ist, bleibt umstritten. Einige Finanzgerichte haben gegen den Ausschluss keine verfassungsrechtlichen Bedenken, da es sich bei diesen Versicherungsbeiträgen nicht um existenziell notwendige Aufwendungen der Daseinsfürsorge handle. Nun muss das Bundesverfassungsgericht entscheiden.

Zu diesen grundsätzlich unter sonstigen Vorsorgeaufwendungen abziehbaren Versicherungsbeiträgen zählen außer den Beiträgen für vor 2005 abgeschlossene Kapitallebensversicherungen und private Rentenversicherungen mit Kapitalwahlrecht im Einzelnen:

- Beiträge zu privaten Haftpflichtversicherungen (Privat- und Familienhaftpflicht, Autohaftpflicht, Bauherren-, Gebäude- und Öltankhaftpflicht für Selbstnutzer, Hundehaftpflicht für Hundehalter u.a.)
- Beiträge zur privaten Unfallversicherung (einschl. evtl. Autoinsassen-Unfallversicherung oder Skiunfallversicherung)
- Beiträge zur Risikolebensversicherung zur Abdeckung des Todesfallrisikos.

Überhaupt nicht steuerlich abzugsfähig sind Beiträge für Sachversicherungen wie Teil- oder Vollkaskoversicherung beim Auto, Hausratversicherung, Wohngebäudeversicherung oder Rechtsschutzversicherung.

Beiträge zu privaten Haftpflicht- und Unfallversicherungen sowie Risikolebensversicherungen sind in der Zeile 50 auf Seite 2 der Anlage Vorsorgeaufwand einzutragen. In der Zeile 51 müssen die Beiträge zur Kapitallebensversicherung und privaten Rentenversicherung mit Kapitalwahrecht stehen, die eine Laufzeit von mindestens zwölf Jahren haben und deren Laufzeitbeginn vor dem 01.01.2005 erfolgte. Diese Beiträge können zu 88 Prozent steuerlich im Rahmen der sonstigen Vorsorgeaufwendungen abgesetzt werden.

Günstigerprüfung für alte Rechtslage läuft Ende 2019 aus

Bis zum Jahr 2019 bleibt die vor 2005 geltende Altregelung für steuerlich abzugsfähige Vorsorgeaufwendungen weiter bestehen, falls sie für den Steuerzahler nach der vom Finanzamt durchgeführten **Günstigerprüfung** zu einem besseren Ergebnis führt. Nach dieser Altregelung können Beamte und Pensionäre maximal 2.001/4.002 Euro (Ledige/Verheiratete) steuerlich absetzen. Hinzu kommt noch ein **Vorwegabzug** von früher 3.068/6.136 Euro (Ledige/Verheiratete), der allerdings bei aktiven Beamten wiederum um 16 Prozent des Jahresbruttogehalts gekürzt wurde. Dies führt dazu, dass aktive Beamte mit einem Jahresbruttogehalt von mehr als 19.175/38.350 Euro (Ledige/Verheirate) vom so genannten Vorwegabzug nichts haben. Sie könnten also nach der Altregelung wie vor 2005 nur maximal 2.001 bzw. 4.002 Euro im Jahr steuerlich abziehen.

Rentner und Pensionäre profitierten indes unter Umständen von der Altregelung, da ihnen der Vorwegabzug in voller Höhe zusteht. Zumindest bis zum Jahr 2010 konnten sie noch Versicherungsbeiträge bis zu insgesamt 5.069/10.138 Euro im Jahr (Alleinstehende/Verheiratete) steuerlich absetzen. Beiträge für Kapital-Lebensversicherungen oder private Rentenversicherungen werden zu 88 Prozent berücksichtigt, sofern der Vertragsabschluss vor dem 01.01.2005 erfolgte. Wer also zum Beispiel im Jahr 2004 noch Lebens- oder Rentenversicherungen auf seine Kinder abgeschlossen hat und als Versicherungsnehmer und Rentner oder Pensionär die Beiträge weiter zahlt, kann noch jahrelang weiter Steuern sparen.

Ab 2011 sinken die höchstens abzugsfähigen Vorsorgeaufwendungen auf 4.701/9.402 Euro (Ledige/Verheiratete) und dann Jahr für Jahr um weitere 300/600 Euro. Grund ist die Abschmelzung des Vorwegabzugs, der im Jahr 2018 noch 600/1.200 Euro und im Jahr 2019 nur noch 300/600 Euro (Ledige/Verheiratete) im Jahr ausmacht.

Spätestens ab 2020 gilt dann die Neuregelung mit einem steuerlichen Abzug von höchstens 1.900/3.800 Euro (Ledige/Verheiratete) für sonstige Vorsorgeaufwendungen. Nach der Altregelung wären dann theoretisch noch 2.001/4.002 Euro steuerlich abzusetzen. Da allerdings allein die Beiträge zur Kranken- und Pflegeversicherung in aller Regel über diesen

Höchstbeträgen liegen dürften, spielt die Altregelung dann keine Rolle mehr, da die Günstigerprüfung des Finanzamts im Jahr 2020 definitiv auslaufen wird.

5.2. Gezahlte Kirchensteuer, Spenden und Mitgliedsbeiträge

Wenn Sie einer Kirche angehören, die Kirchensteuer erhebt wie die katholische oder evangelische Kirche, können Sie Ihre **gezahlte Kirchensteuer** in voller Höhe unter Sonderausgaben steuerlich abziehen. Dafür ist im Mantelbogen Ihrer Einkommensteuererklärung die Zeile 42 vorgesehen. Dort müssen Sie dann die zum Beispiel im Jahr 2017 gezahlte Kirchensteuer (einschließlich evtl. Kirchensteuer-Nachzahlung für 2016 und Kirchensteuer-Vorauszahlungen in 2017) eintragen sowie die in 2017 evtl. erstattete Kirchensteuer. Die als Zuschlag zur Abgeltungsteuer auf Zinsen und andere Kapitalerträge einbehaltene Kirchensteuer ist hier allerdings nicht einzutragen, da diese in Anlage KAP anzugeben ist (siehe Kapitel 8.1)

Steuerlich abziehbar ist also die Differenz bzw. der Saldo zwischen gezahlter und erstatteter Kirchensteuer. Da der Kirchensteuersatz bei 8 bzw. 9 Prozent der Einkommensteuer liegt, errechnet sich nach Berücksichtigung der steuerlich abziehbaren Kirchensteuer und Berücksichtigung eines persönlichen Steuersatzes von beispielsweise 30 Prozent eine effektive Kirchensteuer von 5,6 bis 6,3 Prozent Diese sinkt bei einem Spitzensteuersatz von 42 Prozent der Einkommensteuer (ohne Solidaritätszuschlag) auf rund 4,6 bis 5,2 Prozent.

Die Höhe der monatlichen Kirchensteuer bei Arbeitnehmern, Beamten und Pensionären hängt vom Kirchensteuersatz (8 Prozent in Baden-Württemberg und Bayern, in allen anderen Bundesländern 9 Prozent), der monatlichen Lohnsteuer und von evtl. Kinderfreibeträgen ab. Kinderfreibeträge, die bei Ruheständlern eher selten vorkommen, führen zu weniger Kirchensteuer. Entsprechendes gilt für vierteljährliche Einkommensteuer-Vorauszahlungen.

Bei glaubensverschiedenen Ehen, in denen nur ein Ehegatte der Kirche angehört, wird die Kirchensteuer auch nur bei diesem Ehegatten einbehalten. Handelt es sich um eine konfessionsverschiedene Ehe (zum Beispiel evangelischer Ehemann und katholische Ehefrau), wird außer in Bayern die gemeinsame festzusetzende Einkommensteuer halbiert und darauf jeweils die Kirchensteuer für die beiden Konfessionen erhoben. In Bayern wird die festzusetzende Einkommensteuer entsprechend dem Verhältnis der Ehegatten-Einkünfte aufgeteilt.

Auf die Abgeltungsteuer bei Kapitaleinkünften wird ebenfalls Kirchensteuer erhoben, allerdings nicht auf die Abgeltungsteuer für Zinsen aus Instandhaltungsrücklagen für Eigentumswohnungen. Im Gegensatz zu der in Zeile 42 des Mantelbogens angegebenen Kirchensteuer ist die bei Kapitaleinkünften zusätzlich zu Abgeltungsteuer und Solidaritätszuschlag anfallende Kirchensteuer in Zeile 49 der Anlage KAP unter den Steuerabzugsbeträgen aufzuführen (siehe Kapitel 8.1).

Spenden und Mitgliedsbeiträge an begünstigte Organisationen können ebenfalls als Sonderausgaben steuerlich abgezogen werden. Dazu sind Angaben in den Zeilen 45 bis 56 des Mantelbogens Ihrer Einkommensteuererklärung erforderlich.

Die Organisationen, an die Sie spenden oder bei denen Sie Mitglied sind, müssen steuerbegünstigte Zwecke verfolgen. Dies können gemeinnützige Zwecke (zum Beispiel für Jugend- und Altenhilfe, Naturschutz und Landschaftspflege, Denkmalschutz und –pflege), mildtätige Zwecke (zum Beispiel für Opfer einer Naturkatastrophe oder Übernahme einer Patenschaft für Kinder in der Dritten Welt) oder kirchliche Zwecke (zum Beispiel für Caritas oder Diakonie) sein.

Der Nachweis für die Zahlung von Spenden und Mitgliedsbeiträgen erfolgt durch Vorlage von Zuwendungsbestätigungen, die von der steuerbegünstigten Organisation auf einem amtlich vorgeschriebenen Vordruck ausgestellt werden. In bestimmten Fällen reicht auch ein vereinfachter Nachweis durch Vorlage von Kontoauszügen aus, denen die gezahlten Spenden oder Mitgliedsbeiträge zu entnehmen sind.

Auch Spenden und Mitgliedsbeiträge an politische Parteien sowie unabhängige Wählervereinigungen sind steuerlich abzugsfähig. Bis zu 1.650/3.300 Euro (Alleinstehende/Verheiratete) können zur Hälfte direkt von der Steuerschuld abgezogen werden. Die Steuerersparnis darf somit nicht über 825/1.650 Euro hinausgehen. Über 1.650/3.000 Euro hinausgehende Parteispenden sind bis zu weiteren 1.650/3.000 Euro als Sonderausgaben absetzbar.

5.3. Unterhalts- und Ausgleichsleistungen

Unterhalts- und Ausgleichsleistungen an den geschiedenen Ehegatten sind unter Sonderausgaben steuerlich begrenzt abzugsfähig.

Dies gilt im weiteren Sinne auch für Ausgleichsbeträge zur Abwendung einer Rentenkürzung, Versorgungsleistungen an Eltern, Unterstützungsleistungen an bedürftige Personen oder Kosten für die Kinderbetreuung durch Großeltern. Diese Aufwendungen sind bei Erfüllung der Voraussetzungen ebenfalls voll oder bis zu Höchstbeträgen steuerlich absetzbar.

Unterhaltsleistungen an Ex-Ehegatten

Unterhaltsleistungen an den dauernd getrennt lebenden oder geschiedenen Ehegatten können ab dem Jahr der Trennung oder Scheidung bis zu 13.805 Euro plus Beiträge des Unterhaltsverpflichteten für die Basis-Krankenversicherung und Pflege-Pflichtversicherung des Unterhaltsempfängers steuerlich unter Sonderausgaben abgesetzt werden (siehe Zeile 40 auf Seite 3 des Mantelbogens zur Einkommensteuererklärung).

Für steuerlich abzugsfähige Unterhaltsleistungen vom Zeitpunkt der Trennung an (sog. Trennungsunterhalt) ist Voraussetzung, dass die getrennt lebenden Ehegatten steuerlich nicht mehr zusammen veranlagt werden. Nur für den Ehegattenunterhalt gibt es die Möglichkeit zum steuerlichen Abzug, nicht für den Kindesunterhalt.

Wenn der unterhaltspflichtige Ex-Ehegatte seine Unterhaltsleistungen steuerlich unter Sonderausgaben abzieht, muss der unterhaltsberechtigte Ex-Ehegatte als Unterhaltsempfänger die erhaltenen Zahlungen im

Gegenzug als sonstige Einkünfte in Zeile 6 der Anlage SO versteuern. Damit es zu diesen steuerlichen Auswirkungen kommt, muss der Unterhaltsempfänger in der Anlage U ausdrücklich zustimmen.

Ausgleichszahlungen an Ex-Ehegatten

Zahlungen im Zusammenhang mit dem Zugewinnausgleich oder Versorgungsausgleich zählen nicht zu den Unterhaltsleistungen. Wird der **Versorgungsausgleich** durchgeführt, bei dem zum Beispiel in der gesetzlichen Rentenversicherung die Hälfte der Entgeltpunkte des ausgleichspflichtigen Ex-Ehegatten aus der Ehezeit übertragen werden auf den ausgleichsberechtigten Ex-Ehegatten, wirkt sich dies vor Rentenbeginn steuerlich noch nicht aus. Erst wenn später die Rente bezogen wird, muss der ausgleichsberechtigte Ex-Ehegatte infolge der durch den Versorgungsausgleich zusätzlich erworbenen Entgeltpunkte entsprechend mehr versteuern und der ausgleichspflichtige Ex-Ehegatte weniger.

Der ausgleichspflichtige Ex-Ehegatte kann den Versorgungsausgleich aber auch dadurch vermeiden, dass er **Ausgleichszahlungen** an den geschiedenen Ehegatten zahlt. Auch dies muss von beiden Seiten in der Anlage U bestätigt werden. Diese Ausgleichszahlungen zur Vermeidung des Versorgungsausgleichs können erstmals seit 2015 steuerlich unter Sonderausgaben abgezogen werden (siehe Zeile 39 auf Seite 3 des Mantelbogens zur Einkommensteuererklärung). Vor 2015 waren solche steuerlich abzugsfähigen Ausgleichszahlungen nur im Rahmen des schuldrechtlichen Versorgungsausgleichs möglich (siehe Zeile 38).

Diese unter Sonderausgaben abzugsfähigen Ausgleichszahlungen zur Vermeidung des Versorgungsausgleichs muss der ausgleichsberechtigte Ex-Ehegatte in Zeile 5 der Anlage SO (Sonstige Einkünfte) angeben.

Ausgleichsbeträge zur Abwendung einer Rentenkürzung

Von den unter Sonderausgaben steuerlich abziehbaren Ausgleichszahlungen sind **Ausgleichsbeträge** zur Abwendung einer Rentenkürzung aus dem Versorgungsausgleich[39] zu unterscheiden, die der ausgleichspflichtige Ex-Ehegatte an die Deutsche Rentenversicherung zahlt. Das

---

[39] § 187 SGB VI, siehe http://www.gesetze-im-internet.de/sgb_6/__187.html

Mehr an Rente, worauf der ausgleichsberechtigte Ehegatte einen Anspruch hat, kann der zum Versorgungsausgleich verpflichtete Ex-Ehegatte (meistens ist dies der geschiedene Ehemann) durch Zahlung eines Ausgleichsbetrags abkaufen.

Diese unter Altersvorsorgeaufwendungen steuerlich abzugsfähigen Ausgleichsbeträge (siehe Zeile 6 in der Anlage Vorsorgeaufwand) vermeiden nicht den Versorgungsausgleich, sondern ersetzen die spätere Kürzung der gesetzlichen Rente durch eine Kapitalabfindung.

Angesichts der anhaltenden Niedrigzinsphase auf dem Kapitalmarkt und der gesunkenen Beitragssätze in der gesetzlichen Rentenversicherung macht dies aktuell auch unter finanziellen Gesichtspunkten Sinn.

Den gezahlten Ausgleichsbetrag bekommt der ausgleichspflichtige Ehegatte im Übrigen auf Antrag zurückerstattet, wenn der geschiedene Ex-Ehegatte vor ihm und vor Ablauf von drei Rentenjahren verstirbt (sog. Vorversterben). Eine vergleichbare Regelung gibt es nach dem Versorgungsausgleichsgesetz für die Kürzung der gesetzlichen Rente wegen Versorgungsausgleich. Diese Rentenkürzung wird ebenfalls beim Tod des ausgleichsberechtigten Ex-Ehegatten, sofern dieser die Rente noch nicht oder nicht länger als drei Jahre bezogen hat, auf Antrag aufgehoben.

Versorgungsleistungen an Eltern

Werden **Versorgungsleistungen** an die hoch betagten Eltern geleistet, können Ruheständler diese grundsätzlich unter Sonderausgaben abziehen. Handelt es sich dabei um eine Versorgungsrente aus dem Kauf einer Immobilie auf Rentenbasis, ist nur der Ertragsanteil steuerlich absetzbar. Entsprechende Eintragungen erfolgen in Zeile 36 des Mantelbogens.

Bei Versorgungsrenten kommt es in der Praxis aber eher vor, dass der Ruheständler diese lebenslange Rente von seinen erwachsenen Kindern zum Beispiel nach Verkauf seiner Immobilie auf Rentenbasis erhält. In diesem Fall muss der Rentenempfänger den Ertragsanteil wie bei Renten aus der privaten Rentenversicherung versteuern (siehe Kapitel 3.3).

Reine Unterhaltsrenten an Eltern sind grundsätzlich nicht steuerlich abzugsfähig. Der volle steuerliche Abzug von wiederkehrenden Zahlungen als dauernde Last ist nur für vor 2008 abgeschlossene Altverträge möglich.

Unterstützungsleistungen an bedürftige Personen

Ruheständler können bedürftigen Angehörigen (zum Beispiel Eltern oder erwachsene Kinder, für die es kein Kindergeld mehr gibt) auch durch **Unterstützungsleistungen** finanziell unter die Arme greifen. Die unterstützte Person muss unterhaltsberechtigt und zugleich bedürftig sein. Sie kann auch den Unterhaltsberechtigten gleichgestellt (zum Beispiel Schwester oder Bruder) oder ein Flüchtling mit Aufenthaltsgenehmigung sein, wenn dieser in Ihrem Haushalt lebt.

Der **Unterhaltshöchstbetrag** liegt bei 9.000 Euro im Jahr 2018 und erhöht sich ab 2010 um die Beiträge zur Basiskranken- und Pflegeversicherung des Empfängers. Er wird gekürzt um eigene Einkünfte und Bezüge des Unterhaltsempfängers, die über 624 Euro im Jahr hinausgehen, und um als Zuschuss gewährte Ausbildungshilfen aus öffentlichen Mitteln. Der steuerliche Abzug von Unterstützungsleistung muss in der Anlage „Unterhalt" beantragt werden.

Unterhaltsberechtigte Empfänger müssen die erhaltenen Unterstützungsleistungen wegen ihrer Bedürftigkeit nicht versteuern und auch nicht in ihrer Einkommensteuererklärung angeben. Andererseits wollen die Zahlenden diese Leistungen steuerlich absetzen. Daher prüft das Finanzamt bei diesen Personen, ob tatsächlich eine Bedürftigkeit vorliegt. Grundsätzlich ist ein Unterhaltsberechtigter bedürftig, wenn er sich wegen fehlenden Einkommens und Vermögenslosigkeit nicht selbst unterhalten und seiner Erwerbspflicht wegen seines Gesundheitszustandes oder Alters nicht nachkommen kann.

Kinderbetreuungskosten

Eltern dürfen Kosten für die Betreuung ihrer höchstens 14 Jahre alten Kinder bis zu 6.000 Euro jährlich pro Jahr und Kind steuerlich in der „Anlage Kind" geltend machen. Davon sind dann zwei Drittel, also bis zu 4.000 Euro jährlich, für Kosten der Kinderbetreuung (zum Beispiel Kita-Gebühren oder Tagesmutter) steuerlich abzugsfähig.

Wenn die Großeltern ihre Enkelkinder betreuen, können die Eltern zumindest die übernommenen Fahrtkosten als Sonderausgaben absetzen, sofern sie den Großeltern diese Fahrtkosten erstattet haben. Auch ein evtl. darüber hinaus an die Großeltern gezahltes Entgelt für die Betreuung der Kinder ist steuerlich abzugsfähig. In diesem Fall muss das Entgelt (zum Beispiel monatlicher Minijob-Lohn von 450 Euro) aber in einem Vertrag wie unter Fremden schriftlich vereinbart sein.

Großeltern können Betreuungskosten für ihre Enkelkinder nur dann steuerlich in ihrer Einkommensteuererklärung absetzen, wenn die Enkel zusammen mit ihnen im gleichen Haushalt wohnen und die Großeltern die Kosten für die Betreuung ihrer Enkelkinder auch tatsächlich übernehmen. In diesem Fall tragen die Großeltern solche Betreuungskosten für Enkelkinder in der Anlage „Kind" zu ihrer Einkommensteuererklärung ein.

5.4. Pauschbeträge für behinderte Menschen und Pflegende

Außer den unter Sonderausgaben steuerlich abziehbaren privaten Ausgaben, die aus bestimmten sozialen Gründen zum Abzug gelassen sind, gibt es noch private Ausgaben in außergewöhnlichen Lebenssituationen, die zumindest zum Teil ebenfalls aus sozialen Gründen steuerlich abzugsfähig sind.

Diese außergewöhnlichen Belastungen werden auf Seite 4 des Mantelbogens zur Einkommensteuererklärung in den Zeilen 61 bis 67 genannt und sind dort einzutragen, sofern die Voraussetzungen dafür erfüllt sind.

In den Zeilen 61 bis 66 geht es zunächst um **besondere außergewöhnliche Belastungen** für behinderte Menschen und Pflegepersonen, die eine ständig hilflose und damit pflegebedürftige andere Person unentgeltlich in ihrer eigenen oder deren Wohnung pflegen. Für diese besonderen Lebenssituationen wie Behinderung und häusliche Pflege sind die steuerlich abziehbaren Ausgaben auf einen jährlichen Pauschbetrag begrenzt.

Der **Behinderten-Pauschbetrag** liegt je nach Behinderung zwischen 310 und 3.700 Euro jährlich (siehe Tabelle 8). Mit diesem Pauschbetrag sind alle typischen Aufwendungen abgegolten, die laufend für behinderte Menschen entstehen.

Tabelle 8: Behinderten-Pauschbeträge

Grad der Behinderung (GdB)	Behinderten-Pauschbetrag
25 und 30 Prozent	310 Euro
35 und 40 Prozent	430 Euro
45 und 50 Prozent	570 Euro
55 und 60 Prozent	720 Euro
65 und 70 Prozent	890 Euro
75 und 80 Prozent	1.060 Euro
85 und 90 Prozent	1.230 Euro
95 und 100 Prozent	1.420 Euro
hilflos oder blind	3.700 Euro

Bei schwerbehinderten Menschen wird der Grad der Behinderung (GdB) auf Antrag durch das Versorgungsamt festgestellt. Für einen Behinderungsgrad unter 25 Prozent gibt es keinen steuerlich abzugsfähigen Pauschbetrag. Wenn der Grad der Behinderung (GdB) mindestens 25 und weniger als 50 Prozent beträgt, wird der Behinderten-Pauschbetrag nur gewährt, falls weitere spezielle Voraussetzungen (zum Beispiel Leistungen aus der gesetzlichen Unfallversicherung, auf einer typischen Berufskrankheit beruhende Behinderung) erfüllt sind.

Bei einem GdB ab 50 Prozent gelten behinderte Menschen als **Schwerbehinderte**. Sie erhalten dann einen steuerlich abzugsfähigen Behinderten-Pauschbetrag von 520 bis 1.420 Euro je nach Behinderungsgrad auch ohne weitere Voraussetzungen. Zum Nachweis einer Schwerbehinderung ist der Einkommensteuererklärung entweder der Festsetzungsbescheid des Versorgungsamtes oder der Schwerbehindertenausweis beizufügen. Außerdem ist der Grad der Behinderung sowie die behinderte steuerpflichtige Person oder deren Ehegatte in den Zeilen 61 oder 63 des Mantelbogens der Einkommensteuererklärung anzugeben.

Der GdB von mindestens 50 ist im Übrigen auch Voraussetzung für den Bezug einer Schwerbehindertenrente, die grundsätzlich zwei Jahre früher bezogen werden kann als die Altersrente. Sofern Rentenabschläge bei zeitlich weiter vorgezogenen Schwerbehindertenrenten anfallen, liegen diese typischerweise 7,2 Prozentpunkte unter dem Rentenabschlag für vorgezogene Altersrenten, die abschlagspflichtig sind.

Für **Hilflose und Blinde** liegt der steuerlich abzugsfähige Pauschbetrag bei jährlich 3.700 Euro. Hilflos ist jemand, der täglich und dauernd auf fremde Hilfe angewiesen ist. Die Hilflosigkeit muss länger als sechs Monate dauern und darf nicht nur von vorübergehender Dauer sein. Blindheit liegt bei völligem Verlust des Augenlichts oder bei einer Sehschärfe von höchstens 2 Prozent trotz Sehhilfe vor. Eine Gehörlosigkeit führt nicht zu dem auf 3.700 Euro erhöhten Pauschbetrag.

Einen speziellen **Hinterbliebenen-Pauschbetrag** von jährlich 370 Euro erhalten Hinterbliebene, also Witwen und Waisen, nur in bestimmten Fällen. Voraussetzung ist, dass die Hinterbliebenenbezüge wie beispielsweise Witwen- oder Waisenrente nicht aus der gesetzlichen Rentenversicherung geleistet werden, sondern aus der gesetzlichen Unfallversicherung oder der Beamtenversorgung, sofern der Beamte an den Folgen eines Dienstunfalls verstorben ist. Auch Leistungen aus dem Bundesentschädigungs- und Bundesversorgungsgesetz zählen dazu. Hinterbliebene müssen diesen steuerlichen Pauschbetrag ebenfalls in den Zeilen 61 bis 64 des Mantelbogens beantragen.

Der steuerlich unter besonderen außergewöhnlichen Belastungen abziehbare **Pflege-Pauschbetrag** liegt bei jährlich 924 Euro. Der Pflegende ist in Zeile 65 und Name, Anschrift sowie Verwandtschaftsverhältnis der hilflosen Person in Zeile 67 des Mantelbogens zur Einkommensteuererklärung einzutragen.

Die betreute Person muss nicht nur pflegedürftig, sondern dauernd hilflos sein. Außerdem muss die Pflege zwangsläufig sein, was typischerweise für die Pflege von nahen Angehörigen (zum Bespiel Ehegatte, Mutter, Schwiegermutter, Vater oder Schwiegervater) zutrifft.

Sind die Aufwendungen für die häusliche Pflege höher als der Pflege-Pauschbetrag, können diese anstelle des Pauschbetrags auch im Einzelnen unter allgemeinen bzw. anderen außergewöhnlichen Belastungen nachgewiesen werden (siehe das folgende Unterkapitel 5.4).

5.5. Andere außergewöhnliche Belastungen

Krankheits-, Kur- und Pflegekosten, die nicht von der Krankenkasse oder der staatlichen Beihilfe für Beamte und Pensionäre erstattet werden, können ebenfalls als allgemeine bzw. andere außergewöhnliche Belastungen steuerlich abgesetzt werden. Allerdings ist dies nur möglich, wenn sie eine zumutbare Belastung übersteigen.

Diese **zumutbare Belastung** richtet sich nach dem Familienstand, der Zahl der kindergeldberechtigten Kinder und dem Gesamtbetrag der Einkünfte. Nur wenn die nicht erstatteten Kosten 1 bis 7 Prozent des Gesamtbetrags der Einkünfte (siehe Tabelle 9) übersteigen, sind sie steuerlich abzugsfähig. Bei zusammen veranlagten Ehegatten errechnet sich die zumutbare Belastung nach dem gemeinsamen Gesamtbetrag der Einkünfte.

Bisher hatten die Finanzämter die zumutbare Eigenbelastung pauschal in einem einzigen Schritt berechnet (zum Beispiel 6 bzw. 5 Prozent bei einem Gesamtbetrag der Einkünfte über 15.340 bis 51.130 Euro bei Alleinstehenden bzw. Verheirateten ohne kinderzuschlagsberechtigte Kinder). Dies ist laut Urteil des Bundesfinanzhofs vom 19.01.2017 (Az. VI R 75/14) verfassungswidrig.

Die Neuregelung sieht vor, dass die zumutbare Eigenbelastung nun auf allen drei Stufen (bis 15.340 Euro, über 15.340 bis 51.130 Euro und über 51.130 Euro) berechnet wird. Dies ist für alle Steuerzahler günstiger, deren Gesamtbetrag der Einkünfte über 15.340 Euro im Jahr liegt. Vorausgesetzt, die nicht erstatteten Arzt-, Zahnarzt-, Arznei- und Krankenhauskosten sowie andere Kosten übersteigen die nach der neuen Stufenlösung errechnete zumutbare Eigenbelastung.

Tabelle 9: Zumutbare Eigenbelastung bei außergewöhnlichen Belastungen

Familienstand	Gesamtbetrag	der Einkünfte	in drei Stufen
	bis 15.340 €	bis 51.130 €	über 51.130 €
Alleinst. ohne Kinder	5 %	6 %	7 %
Eheleute ohne Kinder	4 %	5 %	6 %
Alleinstehende und Verheiratete mit 1 oder 2 Kindern	2 %	3 %	4 %
Alleinstehende und Verheiratete mit 3 oder mehr Kindern	1 %	1 %	2 %

Da Rentner und Pensionäre typischerweise keine Kinder haben, für die sie noch Kindergeld oder einen steuerlichen Kinderfreibetrag erhalten, wird die zumutbare Belastung je nach Familienstand (alleinstehend oder verheiratet und zusammen veranlagt) und Höhe des Gesamtbetrags der Einkünfte zwischen 4 und 6 Prozent betragen, also relativ hoch sein. Erst wenn dieser Satz überschritten wird, können die darüber liegenden Kosten einer allgemeinen außergewöhnlichen Belastung steuerlich abzugsfähig sein.

Der Unterschied zwischen der Altregelung und der Neuregelung laut Urteil des Bundesfinanzhofs sei am Beispiel eines zusammen veranlagten Ehepaars ohne Kinder mit einem hohen Gesamtbetrag der Einkünfte von 60.000 Euro und hohen außergewöhnlichen Belastungen (zum Beispiel selbst getragene Krankheitskosten) in Höhe 8.000 Euro einmal erklärt.

Nach der Altregelung lag die zumutbare Eigenbelastung bei 3.600 Euro gleich 6 Prozent von 60.000 Euro. Somit waren pauschal 4.400 Euro (= Krankheitskosten 8.000 Euro minus zumutbare Eigenbelastung von 3.600 Euro) steuerlich abzugsfähig.

Bei Anwendung der Neuregelung über drei Stufen liegt die zumutbare Eigenbelastung aber nur bei 2.935,30 Euro, also insgesamt immerhin

664,70 Euro weniger im Vergleich zur Eigenbelastung von 3.600 Euro nach der Altregelung.

Die Stufenlösung laut BFH-Urteil sieht wie folgt aus: Auf der ersten Stufe sind 613,60 Euro (= 4 Prozent von 15.340 Euro) abzugsfähig, auf der zweiten Stufe 1.789,50 Euro (= 5 Prozent von 35.790 Euro) und auf der dritten Stufe schließlich 532,20 Euro (= 6 Prozent von restlichen 8.870 Euro), zusammen also 2.935,30 Euro.

Unter dem **Gesamtbetrag der Einkünfte** ist nicht das zu versteuernde Einkommen zu verstehen, sondern die Summe aller steuerpflichtigen Einkünfte (zum Beispiel Renten, Pensionen, Zins- und Mieteinkünfte) vor Abzug von Sonderausgaben und außergewöhnlichen Belastungen. Diese Summe wird mehr oder minder deutlich über dem Einkommen liegen, was letztlich zu versteuern ist.

Ob außergewöhnliche Belastungen allgemeiner bzw. besonderer Art überhaupt vorliegen, hängt vom Einzelfall ab. Generell müssen diese privaten Ausgaben außergewöhnlich und zwangsläufig entstanden sein. Außerdem müssen sie eine finanzielle Belastung für den Steuerzahler darstellen, die nach Abzug von Kostenerstattungen durch die Krankenversicherung, Leistungen aus einer Krankenhaustagegeld-Versicherung und steuerfreien Beihilfen für Beamte und Pensionäre entsteht.

5.6. Handwerkerleistungen und haushaltsnahe Dienstleistungen

Viele Mieter und Selbstnutzer von Haus oder Wohnung unterschätzen oft die Steuervergütung für Lohnkosten in Handwerkerrechnungen und für haushaltsnahe Dienstleistungen.

Wichtig: Es handelt sich bei dieser im Jahr 2006 eingeführten Steuervergütung oder –ermäßigung nicht um eine bloße Steuerersparnis, sondern um eine direkte Verminderung der zu zahlenden Einkommensteuer. Die Höhe des persönlichen Steuersatzes spielt bei der Berechnung dieser Steuervergütung in Höhe von pauschal 20 Prozent der anteiligen Lohnkosten keine Rolle.

Steuerermäßigung für Handwerkerleistungen

Selbstnutzer eines Einfamilienhauses oder einer Eigentumswohnung erhalten eine Steuerermäßigung in Höhe von 20 Prozent der Lohnkosten bei **Handwerkerleistungen** (Renovierungs-, Erhaltungs- und Modernisierungsmaßnahmen).[40] Falls Sie beispielsweise eine komplette Badsanierung mit Lohn- und Fahrtkosten inklusive Mehrwertsteuer in Höhe von 5.000 Euro von Handwerkern durchführen lassen und die Rechnung bargeldlos bezahlen, können Sie 20 Prozent von 5.000 Euro gleich 1.000 Euro direkt von Ihrer Steuerschuld abziehen.

Da der Höchstbetrag für die berücksichtigungsfähigen Lohnkosten bei 6.000 Euro liegt, macht die Steuerermäßigung demzufolge höchstens 1.200 Euro zuzüglich erspartem Solidaritätszuschlag und eventuell ersparter Kirchensteuer aus. Einschließlich 5,5 Prozent Solidaritätszuschlag und 9 Prozent Kirchensteuer sind dies immerhin 1.374 Euro weniger an zu zahlenden Steuern.

Diese Handwerkerleistungen mit Nachweis von Art und Höhe und der Aufwendungen sind in Zeile 73 auf Seite 3 des Mantelbogens der Einkommensteuererklärung einzutragen. Nur die in der Rechnung aufgeführten Arbeitskosten und Fahrtkosten inkl. Umsatzsteuer zählen. Bei Kleinunternehmern, die nicht umsatzsteuerpflichtig sind, sind es die Arbeits- und Fahrtkosten netto. Die Rechnung muss immer bargeldlos bezahlt werden. Barzahlungen an Handwerker werden steuerlich nicht anerkannt.

Steuerlich begünstigt sind handwerkliche Tätigkeiten, die Eigentümer oder Mieter für die selbstgenutzte oder gemietete Wohnung in Auftrag gegeben haben. Nicht begünstigt sind Handwerkerleistungen beim Neubau, da vor Einzug in das neu gebaute Haus oder die Neubau-Eigentumswohnung noch kein Haushalt existiert.

Die steuerlich begünstigten Handwerkerleistungen werden in einem Schreiben des Bundesfinanzministeriums vom 09.11.2016 genau aufgelistet. Es handelt sich beispielsweise um Reparaturen oder Austausch von

---

[40] § 35a Abs. 3 EStG

Fenstern und Türen oder des Bodenbelags. Auch die Badsanierung oder die Gartengestaltung gehören dazu. Selbst Reparaturen an zum Haushalt gehörenden Gegenständen wie Fernseher, Herd, Geschirrspüler oder Waschmaschine erkennt das Finanzamt an. Es kommt darauf an, ob diese Gegenstände in der Hausratversicherung mitversichert werden können.

Nicht begünstigt sind beispielsweise die Kosten für einen Energieausweis, den Architekten, Statiker oder Hausverwalter, da es sich hierbei nicht um Handwerkerleistungen handelt. Ebenfalls steuerlich nicht begünstigt sind alle Handwerkerleistungen, deren Finanzierung bereits öffentlich gefördert wurde (zum Beispiel kostengünstige Mittel der KfW sowie Fördermittel von Ländern oder Gemeinden).

Haushaltsnahe Hilfen

Neben den Handwerkerleistungen sind auch haushaltsnahe Hilfen steuerlich begünstigt. Dazu zählen:

- haushaltsnahe Dienstleistungen
- Pflege- und Betreuungsleistungen im Haushalt
- Minjobs oder sozialversicherungspflichtige Beschäftigungen im Haushalt
- in Heimunterbringungskosten enthaltene Aufwendungen für Dienstleistungen, die mit denen einer Haushaltshilfe vergleichbar sind.

Wer seine Eigentumswohnung selbst nutzt, erhält vom Hausverwalter beispielsweise zusammen mit der jährlichen Verwalterabrechnung auch eine Bescheinigung über **haushaltsnahe Dienstleistungen**.[41] Darin wird ihm der Anteil der Aufwendungen für das Gemeinschaftseigentum bescheinigt, die zur direkten Steuerermäßigung berechtigen.

Zu den haushaltsnahen Dienstleistungen bei selbstgenutzten Eigentumswohnungen zählen typischerweise die Löhne für die Hausreinigung, den Hausmeister (mit Winterdienst) und die Gartenpflege oder Außenanlagen. Bei einer 80 Quadratmeter großen Eigentumswohnung fallen allein für diese Posten im Jahr rund 600 Euro an. Wenn Sie diese 600 Euro in

---

[41] § 35a Abs. 2 EStG

Ihrer Einkommensteuererklärung geltend machen, zieht Ihr Finanzamt davon 20 Prozent, also in diesem Fall 120 Euro, direkt von Ihrer tariflichen Einkommensteuer ab. Unter Berücksichtigung des Solidaritätszuschlages von 5,5 Prozent und der eventuell zu zahlenden Kirchensteuer von 9 Prozent der tariflichen Einkommensteuer macht diese Steuerermäßigung somit 137 Euro aus.

Ist die Eigentumswohnung vermietet, kann der Mieter diese Steuerermäßigung geltend machen, sofern der Vermieter wie üblich diese Kosten für haushaltsnahe Dienstleistungen als umlagefähige Betriebskosten auf den Mieter abgewälzt hat.

Die Steuervergütung für haushaltsnahe Dienstleistungen, die von Minijobbern mit einem monatlichen Lohn bis 450 Euro erbracht werden, macht 20 Prozent der Aufwendungen aus, maximal aber 510 Euro im Jahr.

Selbstnutzer könnten sogar 4.000 Euro direkt von ihrer Steuerschuld abziehen, wenn die haushaltsnahen Hilfen 20.000 Euro und mehr im Jahr kosten würden. Die Steuerermäßigung für diese haushaltsnahen Hilfen macht immer 20 Prozent der Aufwendungen aus, maximal aber 4.000 Euro.

Die Art der Tätigkeit und Höhe der Aufwendungen für haushaltsnahe Dienstleistungen sind in Zeile 63 des Mantelbogens zur Einkommensteuererklärung einzutragen. In Zeile 62 geht es hingegen um die Steuerermäßigung bei Aufwendungen für Minijobs im Privathaushalt. Dort sind dann ebenfalls Tätigkeit und entstandene Aufwendungen anzugeben.

In der Praxis wird es sich insbesondere um hauswirtschaftliche Tätigkeiten, die im Zusammenhang mit der Haushaltsführung stehen, handeln. Dazu zählen beispielsweise die Reinigung von Haus oder Wohnung oder Pflege des Gartens, aber auch die Pflege, Versorgung und Betreuung von Kindern oder von pflegebedürftigen Personen.

Die Steuerermäßigung in Höhe von 20 Prozent der Aufwendungen für Hilfen im Haushalt setzt aber immer voraus, dass die Arbeitskosten und evtl. Fahrtkosten auch tatsächlich in Rechnung gestellt werden.

6. STEUERN SPAREN BEI ZUSÄTZLICHEN ARBEITSEINKÜNFTEN

Wer im verdienten Ruhestand ist, wird in der Regel auch nicht mehr arbeiten wollen. Dennoch nimmt die Zahl der Rentner und Pensionäre zu, die sich im Ruhestand noch etwas zur Rente oder Pension hinzu verdienen. Sei es, weil ihnen die Arbeit Spaß macht oder weil es aus finanziellen Gründen geschieht.

Zusätzliche Arbeitseinkünfte sind auch aus steuerlichen Gründen lukrativ, sofern sie wie bei Minijobs steuerfrei sind oder bei ehrenamtlicher Tätigkeit steuerfreie Pauschalen versprechen. Wenn schon die Renten mehr oder minder stark besteuert werden und bei der gesetzlichen Rente sogar eine Doppelbesteuerung droht, sollten zumindest Einkünfte aus einer zusätzlichen Arbeit steuerfrei oder steuerbegünstigt sein und möglichst auch sozialabgabenfrei.

6.1. Steuerfreier Minijob

Der Minijob bis zu 450 Euro im Monat (offiziell als „geringfügige Beschäftigung" bezeichnet) ist ein klassisches Beispiel für eine steuer- und sozialabgabenfreie Tätigkeit. Wenn zum Beispiel Frührentner einen Minijob aufnehmen, müssen sie diesen in ihrer Einkommensteuererklärung gar nicht erst angeben. Sozialabgaben entfallen völlig, sofern sich der Minijobber für die Versicherungsfreiheit in der gesetzlichen Rentenversicherung entscheidet und auch den eigenen Rentenbeitrag von bis zu 16,20 Euro (= 3,6 Prozent von maximal 450 Euro) nicht zahlt. In diesem Fall fließen ihm bis zu 450 Euro monatlich brutto für netto zu.

Vorteil: Frührentner mit einem steuer- und sozialabgabenfreien Minijob müssen keine Kürzung ihrer vorgezogenen Altersrente befürchten, da sie nicht rentenversicherungspflichtig sind. Zwei Monate im Jahr dürfen im Minijob zusätzlich 450 Euro pro Monat noch hinzuverdient werden, ohne dass dies auf die vorzeitig bezogene Rente angerechnet wird.

Von den insgesamt 6,7 Mio. Minijobs im gewerblichen Bereich entfallen 1,2 Mio. oder 18 Prozent auf versicherungspflichtige und 5,5 Mio. auf versicherungsfreie geringfügige Beschäftigungen. Rund 1 Mio. Minijobber sind sogar mehr als 65 Jahre alt und stellen damit die stärkste Altersgruppe. Dabei handelt es sich fast ausschließlich um Rentner, die noch einen Minijob ausüben. Der durchschnittliche Minijob-Lohn liegt bei 300 Euro.

Die Kombination von **Vollrente mit Minijob** ist seit dem 01.01.2017 so attraktiv wie nie zuvor – immer unter der Voraussetzung, dass die Frührentner noch im Minijob arbeiten wollen und können. Zudem können sie, sofern der Minijob versicherungsfrei ist und die nötigen finanziellen Mittel vorhanden sind, noch zusätzliche freiwillige Beiträge zur gesetzlichen Rente bis zum Erreichen der Regelaltersgrenze zahlen. Vollrente mit versicherungsfreiem Minijob und Rentenplus aus freiwilligen Beiträgen können der Königsweg für Frührentner sein, die eine Teilrente bei zu hohem Hinzuverdienst auf jeden Fall vermeiden wollen.

Für Minijobs gibt es keinen Höchstbetrag beim Stundenlohn und auch keine Obergrenze bei der wöchentlichen Arbeitszeit. Um sich nicht finanziell ausnutzen zu lassen, sollten Rentner mit Minijob aber in eigenem Interesse darauf achten, dass der auf eine Stunde umgerechnete Stundenlohn den gesetzlichen Mindestlohn von 8,84 Euro pro Stunde in 2018 nicht unterschreitet. Bei einem Minijob mit 450 Euro pro Monat sollte die monatliche Arbeitszeit somit auf keinen Fall 51 Stunden und mehr betragen, da sonst der Mindestlohn unterschritten würde. 50 Stunden im Monat oder durchschnittlich 12,5 Stunden pro Woche sollten die Grenze sein.

6.2. Steuerfreie Pauschalen bei ehrenamtlicher Tätigkeit

Viele Rentner und Pensionäre sind im Ruhestand ehrenamtlich und unentgeltlich tätig. Sofern die ehrenamtliche Tätigkeit aber bezahlt wird, sind steuerfreie Pauschalen sicherlich willkommen.

Die sog. steuerfreie **Übungsleiterpauschale** von jährlich 2.400 Euro steht Übungsleitern, Pflegern und Künstlern zu, die pädagogisch, pflegerisch oder künstlerisch tätig sind und diese Tätigkeit nebenberuflich ausüben. Es kommt nicht darauf an, ob tatsächlich ein Hauptberuf ausgeübt wird. Daher können auch Rentner und Pensionäre eine steuerlich begünstigte ehrenamtliche Tätigkeit ausüben und von der steuerfreien Pauschale in Höhe von 2.400 Euro im Jahr profitieren.

Auf die fachliche Bezeichnung „Übungsleiter", „Pfleger" oder „Künstler" kommt es nicht an. Pädagogische Tätigkeiten im Ehrenamt üben beispielsweise auch Dozenten an den Volkshochschulen oder Ausbilder und Mannschaftsbetreuer im Jugend- und Sportbereich gemeinnütziger Vereine aus. Seniorenbegleiter in Sozialstationen der Gemeinden, Kirchen und Wohlfahrtsverbänden sowie Rettungssanitäter und Beifahrer im Behindertentransport sind in der Pflege alter, kranker oder behinderter Menschen ehrenamtlich tätig. Zu den Künstlern zählen auch Kirchenmusiker und Organisten sowie Schauspieler im Theater.

Es muss sich aber auf jeden Fall um eine begünstigte Organisation handeln, für die man ehrenamtlich tätig ist. Dazu zählen neben den juristischen Personen des öffentlichen Rechts in Bund, Ländern und Gemeinden einschließlich deren Einrichtungen auch steuerbefreite Körperschaften, die ausschließlich gemeinnützige, mildtätige oder kirchliche Zwecke verfolgen (zum Beispiel Sport-, Musik- oder Kunstvereine und Umweltschutzverbände).

Wer als Ruheständler eine steuerbegünstigte Nebentätigkeit ehrenamtlich und selbstständig ausübt, muss die Einnahmen auf der Rückseite der Anlage S in Zeile 46 unter „Einnahmen aus der nebenberuflichen Tätigkeit" angeben. Von diesen Einnahmen in Höhe von beispielsweise 3.600 Euro im Jahr geht dann der steuerliche Freibetrag von 2.400 Euro ab, so dass in diesem Fall nur 1.200 Euro als steuerlicher Gewinn aus selbstständiger ehrenamtlicher Tätigkeit versteuert wird.

Steuerfreie Pauschalen für ehrenamtliche Tätigkeiten gibt es auch in folgenden Fällen:

- **Betreuerfreibetrag** von jährlich 2.400 Euro sowie eine zusätzliche steuerfreie Aufwandsentschädigung von 323 Euro jährlich pro betreute Person für ehrenamtlich tätige rechtliche Betreuer, Vormünder und Pfleger

- **Ehrenamtsfreibetrag** von jährlich 720 Euro für ehrenamtliche Tätigkeiten in gemeinnützigen Vereinen und karitativen Organisationen, sofern tatsächlich eine Aufwandsentschädigung gezahlt wird.

Steuerfreie Pauschalen sind auch für Ehrenämter im öffentlichen Bereich üblich. Dazu zählen **steuerfreie Aufwandsentschädigungen** (zum Beispiel für eine ehrenamtliche Tätigkeit als Versichertenältester bei den Sozialversicherungsträgern, als Schöffe oder als Mitglied der freiwilligen Feuerwehr). Danach bleiben gezahlte Aufwandsentschädigungen bis zu 200 Euro monatlich bzw. 2.400 Euro jährlich grundsätzlich steuerfrei.

Für kommunale Mandatsträger (zum Beispiel Gemeinde- bzw. Stadträte oder ehrenamtliche Bürgermeister) gibt es spezielle Pauschbeträge. Laut Ratsherrenerlass sind für ehrenamtliche Mitglieder eines Gemeinde- oder Stadtrats pauschale Entschädigungen und Sitzungsgelder bis zu einem **steuerfreien Höchstbetrag** von 1.248 Euro jährlich in Gemeinden mit höchstens 20.000 Einwohnern steuerfrei. Dieser Höchstbetrag steigt je nach Einwohnerzahl der Gemeinde bis zu jährlich 3.672 Euro bei Gemeinden mit mehr als 450.000 Einwohnern.

6.3. Zusätzliche Einkünfte aus Arbeitnehmertätigkeit

Wer nach Erreichen der Regelaltersgrenze (zum Beispiel 65 Jahre und 6 Monate bei Geburtsjahrgang 1952) als Arbeitnehmer noch zusätzlich Einkünfte oberhalb eines Minijob-Lohns von 450 Euro monatlich erzielt, muss diese wie jeder andere Arbeitnehmer versteuern. Er profitiert aber in jedem Fall vom steuerfreien **Arbeitnehmer-Pauschbetrag** in Höhe von 1.000 Euro pro Jahr.

Beiträge zur Renten- und Arbeitslosenversicherung fallen bei **Weiterarbeit von Regelaltersrentnern** sowohl für Arbeitgeber und Arbeitnehmer nicht mehr an, sofern der Rentner nicht ausdrücklich weiter Rentenbeiträge zahlen will, um seine gesetzliche Rente noch zu steigern. Gesetzlich krankenversicherte Rentner müssen wie Arbeitnehmer Beiträge zur gesetzlichen Kranken- und Pflegeversicherung zahlen.

Sofern ein privat krankenversicherter Beamtenpensionär nach Erreichen der Regelaltersgrenze noch als Arbeitnehmer weiter arbeitet, fallen überhaupt keine Sozialabgaben an. Vom Bruttolohn gehen dann nur die zu zahlenden Steuern ab.

Ob der Arbeitgeber die Lohnsteuerklasse VI oder eine andere Lohnsteuerklasse für die Besteuerung dieser Arbeitseinkünfte wählt, ist letztlich egal. Spätestens mit Abgabe der Einkommensteuererklärung sind diese zusätzlichen Einkünfte aus nichtselbstständiger Tätigkeit nach den Angaben der Lohnsteuerbescheinigung in Anlage N einzutragen. In Zeile 9 gehört der Bruttoarbeitslohn im Jahr und in die Zeilen 7 bis 9 die vom Arbeitgeber abgeführten Steuern (Lohnsteuer, Solidaritätszuschlag plus evtl. Kirchensteuer).

Laut Einkommensteuerbescheid ist dann der Jahresbruttolohn minus Arbeitnehmer-Pauschbetrag von 1.000 Euro steuerpflichtig. Nur wenn die tatsächlich nachgewiesenen Werbungskosten ausnahmsweise über dieser Pauschale liegen sollten, werden diese Werbungskosten (zum Beispiel Fahrtkosten zwischen Wohnung und Arbeitsstätte oder Aufwendungen für Arbeitsmittel und häusliches Arbeitszimmer) steuerlich berücksichtigt.

Auch bei ehrenamtlich Tätigen kann im Ausnahmefall eine nichtselbstständige Tätigkeit als Arbeitnehmer vorliegen. Eine wöchentliche Arbeitszeit von mehr als ein Drittel einer vergleichbaren Vollzeitstelle könnte dafür sprechen. Dies ist aus steuerlichen Gründen nicht nachteilig, da in diesem Fall außer der steuerfreien Übungsleiterpauschale von 2.400 jährlich auch noch der steuerfreie Arbeitnehmer-Pauschbetrag von 1.000 Euro jährlich berücksichtigt wird.

Altersentlastungsbetrag für zusätzliche Arbeitseinkünfte

Hat der weiter als Arbeitnehmer tätige Rentner oder Pensionär das 65. Lebensjahr bereits vollendet, profitiert er außer vom Arbeitnehmer-Pauschbetrag in Höhe von 1.000 Euro und evtl. steuerfreien Pauschalen bei ehrenamtlicher Tätigkeit zusätzlich vom **Altersentlastungsbetrag** für die über Rente oder Pension hinausgehenden zusätzlichen Arbeitseinkünfte.

Der steuerliche **Altersentlastungsbetrag** für mindestens 65-jährige Neurentner im Jahr 2018 liegt bei 19,2 Prozent des Jahresbruttolohns, maximal aber bei 912 Euro im Jahr (siehe dazu auch Kapitel 9.1). Mindestens 65jährige Rentner, die außer Pension und Rente keine weiteren Einkünfte haben, können den Altersentlastungsbetrag nicht in Anspruch nehmen.

Der Altersentlastungsbetrag bleibt hinsichtlich des Prozentsatzes und des Höchstbetrags auf Dauer unverändert. Nur der tatsächlich abzugsfähige Betrag ändert sich in Abhängigkeit von der Höhe des Arbeitslohns. Im Lohnsteuerverfahren hat der Arbeitgeber den Altersentlastungsbetrag nach dem auf der Lohnsteuerkarte eingetragenen Geburtsdatum von sich aus zu berücksichtigen, soweit es sich um Löhne und nicht um Renten handelt.

Mögliche Renten- und Pensionskürzungen bei vorzeitigem Ruhestand

Frührentner, die beispielsweise schon mit 63 Jahren in Rente gehen, sind in aller Regel nicht auf Weiterarbeit bedacht, wenn sie wegen Berufsunfähigkeit, Erwerbsminderung oder Schwerbehinderung vorzeitig in Rente gegangen sind. In ihrer Lebensplanung kommen Arbeit und Beruf nach ihrer Frühverrentung eher selten vor.

Frührentner aus Altersgründen sind aber vielleicht auf einen Hinzuverdienst aus finanziellen Gründen angewiesen. Ihre Frührente liegt möglicherweise so niedrig, dass sie ihren gewohnten Lebensstandard bei weitem nicht aufrechterhalten können. Mit einigen Hundert Euro für leichte und angenehme Arbeit ließe sich die finanzielle Lücke zumindest zum Teil schließen.

Wer als Frührentner aber mehr als 6.300 Euro im Jahr verdient, muss mit der Kürzung seiner gesetzlichen Rente rechnen. Beim Überschreiten der **Hinzuverdienstgrenze von jährlich 6.300 Euro** wird das Erwerbseinkommen auf die Rente angerechnet mit der unangenehmen Folge, dass die gesetzliche Rente um 40 Prozent des Hinzuverdienstes, der die Grenze von 6.300 Euro übersteigt, gekürzt wird. Es kommt in diesem Fall zur **Teilrente**, die mehr oder minder deutlich unter der Altersvollrente liegen wird. Hinzu kommt, dass vom zusätzlichen Bruttolohn noch der

Arbeitnehmeranteil zur Sozialversicherung sowie Steuern abgezogen werden.

Dazu ein Beispiel: Die monatliche Altersvollrente soll 1.500 Euro brutto im Monat betragen und der jährliche Hinzuverdienst 12.000 Euro brutto. Nach Abzug von 6.300 Euro vom tatsächlichen Hinzuverdienst verbleibt noch ein überschießender Betrag von 5.700 Euro. Davon werden 40 Prozent, also 2.280 Euro jährlich bzw. 190 Euro monatlich, von der Altersvollrente von 18.000 Euro im Jahr bzw. 1.500 Euro im Monat abgezogen. Die monatliche Teilrente liegt dann nur noch bei 1.310 Euro.

Bei einem doppelt so hohen Hinzuverdienst von 24.000 Euro wird aber nicht nur das Doppelte von 190 Euro abgezogen, sondern immerhin 590 Euro. Die Teilrente sinkt dann bereits auf 910 Euro. Grund dieser drastischen Kürzung bei relativ hohem Hinzuverdienst ist die Tatsache, dass von jedem über der Hinzuverdienstgrenze liegenden Mehrverdienst 40 Prozent abgezogen werden, also in diesem Fall 400 Euro gleich 40 Prozent des monatlichen Mehrverdienstes von 1.000 Euro.

Interessanter aus rentenrechtlicher und steuerlicher Sicht ist hingegen ein sehr hoher Hinzuverdienst (zum Beispiel 80 oder gar 90 Prozent des letzten Bruttogehalts bei Vollzeitbeschäftigung) in Kombination mit einer frei gewählten Mini-Teilrente von nur 10 Prozent, sofern die Frührente zu hohen Rentenabschlägen führt (zum Beispiel 9,9 Prozent bei der abschlagspflichtigen Rente mit 63 Jahren für einen in 1955 geborenen Rentenversicherten).

Diese Kombination von Mini-Teilrente in Höhe von 10 Prozent der Vollrente und Maxi-Teilzeitgehalt von 90 Prozent eines Vollzeitgehalts bietet einen doppelten Vorteil: Der Rentenabschlag wird auf ein Zehntel und damit auf 0,9 Prozent reduziert. Gleichzeitig sichert sich dieser Mini-Teilrentner bereits zwei bis drei Jahre vor Erreichen der Regelaltersgrenze den um vier bis fünf Prozentpunkte niedrigeren Besteuerungsanteil (siehe dazu auch Kapitel 3.1)

Frühpensionäre müssen im Gegensatz zu Frührentnern nur dann eine Kürzung ihrer Beamtenpension befürchten, wenn die Summe aus Pension und Hinzuverdienst über dem zuletzt bezogenen Bruttogehalt liegt. Ist dies der Fall, wird die Pension entsprechend gekürzt.

6.4. Zusätzliche Einkünfte aus selbstständiger Arbeit

Zu den Hinzuverdiensten von Rentnern und Pensionären zählen auch zusätzliche Einkünfte aus selbstständiger Tätigkeit sowie Einkünfte aus Gewerbebetrieb oder Land- und Forstwirtschaft. Gewinneinkünfte von gewerblich oder land- und forstwirtschaftlich tätigen Ruheständlern kommen allerdings fast nie vor.

Zusätzliche Einkünfte aus selbstständiger Arbeit von Rentnern oder Pensionären sind aber gar nicht so selten, wie man vielleicht glaubt. Manch einer ist im Ruhestand noch freiberuflich als Berater tätig. Auch freiberufliche **Einkünfte aus einer wissenschaftlichen, künstlerischen oder schriftstellerischen Tätigkeit** einschließlich Vortrags-, Lehr- oder Prüfungstätigkeit zählen dazu. Hierbei können ohne Einzelnachweis 25 Prozent der Betriebseinnahmen, höchstens aber 614 Euro jährlich pauschal als Betriebsausgaben abgesetzt werden. Höhere Betriebsausgaben müssen einzeln nachgewiesen werden.

Anlage EÜR

Freiberufler mit Einkünften aus selbstständiger Tätigkeit müssen keine unüberwindbaren Steuerhürden befürchten. Sie sind von der Gewerbesteuer befreit und auch nicht umsatzsteuerpflichtig, sofern ihr Jahresumsatz unter 17.500 Euro liegt. Da sie nicht bilanzieren müssen, reicht die Anlage **EÜR (Einnahmenüberschussrechnung)** zur Ermittlung des Gewinns aus. Allerdings sind ab 2017 auch alle Kleinunternehmer mit einem Jahresumsatz unter 17.500 Euro zur Ausfüllung und elektronischen Übermittlung dieses Formulars verpflichtet.

Arbeitnehmerpauschbetrag oder Lohnsteuer kommen bei Einkünften aus selbstständiger Arbeit mangels Arbeitnehmertätigkeit logischerweise gar nicht vor. Der Freiberufler erhält für seine selbstständige Tätigkeit (zum Beispiel freiberufliche Vortrags- oder Gutachtertätigkeit) beispielsweise ein Honorar, das ihm brutto zufließt. Seinen Gewinn aus selbstständiger Tätigkeit ermittelt er aus dem Überschuss der Betriebseinnahmen (zum Beispiel Honorare) über die Betriebsausgaben (zum Beispiel Fahrtkosten bei Vortragsreisen und Fachliteratur).

Rentner oder Pensionäre mit zusätzlichen Einkünften aus selbstständiger Arbeit geben den Gewinn in Zeile 4 der Anlage S an, der aus der Anlage EÜR (Einnahmenüberschussrechnung) übernommen wird. In dieser Anlage EÜR wird der Gewinn aus dem Überschuss der Betriebseinnahmen (siehe Zeilen 11 bis 22) über die Betriebsausgaben (siehe Zeilen 23 bis 65) ermittelt.

Jeder Freiberufler, der Gewinneinkünfte erzielt, muss nicht nur die Anlage EÜR elektronisch an das Finanzamt übermitteln, sondern auch die Einkommensteuererklärung. Sofern er auch umsatzsteuerpflichtig ist oder als Kleinunternehmer für die Umsatzsteuer optiert hat, muss er auch die Umsatzsteuererklärung sowie die vierteljährlich oder monatlich abzugebenden Umsatzsteuer-Voranmeldungen elektronisch über ELSTER oder ein kommerzielles Steuerprogramm an sein Finanzamt übermitteln.

Ermittlung von Betriebseinnahmen und Betriebsausgaben

Bei den Betriebseinnahmen wird zwischen Betriebseinnahmen als **umsatzsteuerlicher Kleinunternehmer**[42] (siehe Zeilen 11 und 12 der Anlage EÜR) und **umsatzsteuerpflichtigen Einnahmen** (siehe Zeile 14) unterschieden.

Da die Ermittlung der Betriebsausgaben per Einzelnachweis oft sehr mühsam ist, gibt es **Betriebsausgabenpauschalen für bestimmte Berufsgruppen** und/oder einen steuerlichen Freibetrag.[43] Diese Pauschalen bzw. Freibeträge werden, sofern die Voraussetzungen dafür gegeben sind, in Zeile 23 der Anlage EÜR eingetragen.

Bei einer hauptberuflichen, selbstständigen und schriftstellerischen oder journalistischen Tätigkeit liegt die Betriebsausgabenpauschale bei 30

---

[42] § 19 Abs. 1 UStG
[43] § 3 Nr. 26, 26 a und/oder 26b EStG

Prozent der Betriebseinnahmen, aber höchstens 2.455 Euro im Jahr.[44] Für nebenberufliche Tätigkeiten, die auch wissenschaftlicher oder künstlerischer Art sein können, gibt es die bereits erwähnte geringere Betriebsausgabenpauschale von 25 Prozent der Betriebseinnahmen, höchstens 614 Euro.

Bei Tätigkeiten für mildtätige, kirchliche oder gemeinnützige Einrichtungen bleiben jährlich 720 Euro steuerfrei. Tagespflegepersonen (zum Beispiel Tagesmütter) können pro Kind und Monat 300 Euro bzw. 3.600 Euro im Jahr als Pauschale einsetzen, sofern das Kind wöchentlich über 40 Stunden betreut wird. Sind es beispielsweise nur 20 Stunden, sinkt die Betriebsausgabenpauschale auf 150 Euro monatlich bzw. 1.800 Euro jährlich.

Übungsleiter, Pfleger und Künstler erhalten statt der Betriebsausgabenpauschale einen Freibetrag von 2.400 Euro, die als Übungsleiterpauschale bezeichnet wird (siehe Kapitel 6.2).

Umsatzsteuer bei Unternehmern

Ob der selbstständig tätige Rentner oder Pensionär **Umsatzsteuer** zahlen muss oder nicht, hängt von der Höhe seines Jahresumsatzes und einer evtl. ausgeübten Option zur Zahlung von Umsatzsteuer ab. **Kleinunternehmer** sind zwar von der Umsatzsteuer befreit und müssen keine Umsatzsteuer zahlen, sofern ihr Jahresumsatz 17.500 Euro zuzüglich der darauf entfallenden Steuer nicht übersteigt und im laufenden Jahr auch voraussichtlich die Grenze von 50.000 Euro nicht übersteigen wird.[45]

Der Kleinunternehmer kann jedoch auf die Befreiung von der Umsatzsteuer verzichten und für die Umsatzsteuer optieren.[46] Diese **Umsatzsteueroption** erscheint zunächst widersinnig, da in diesem Fall eine jährliche Umsatzsteuererklärung und darüber hinaus vierteljährliche oder monatliche Umsatzsteuer-Voranmeldungen auszufüllen sind und dann tatsächlich Umsatzsteuer an das Finanzamt gezahlt werden muss.

---

[44] Verfügung der OFD München vom 31.10.2005, DStR 2005 S. 2079
[45] § 19 Abs. 1 UStG
[46] § 9 UStG

Andererseits bietet sich in diesem Fall der Vorteil, die an Unternehmer gezahlte **Vorsteuer** von der Umsatzsteuer auf die eigenen Leistungen abzuziehen. Zu zahlende Umsatzsteuer minus gezahlter Vorsteuer führt dann zur eigentlichen Umsatzsteuer-Zahllast. Liegt die Vorsteuer in Ausnahmefällen über der Umsatzsteuer, kommt es zur Erstattung durch das Finanzamt.

Statt über die gezahlte Vorsteuer einen Einzelnachweis zu führen, kann man in bestimmten Fällen stattdessen auch **Vorsteuerpauschalen** ansetzen. So gibt es beispielsweise für Schriftsteller die Möglichkeit, bei der Vorsteuer einen pauschalen Durchschnittssatz in Höhe von 2,6 Prozent der Nettoumsätze anzusetzen.[47]

Die **Umsatzsteuer-Voranmeldungen** erfolgen vierteljährlich zum 10. April, 10. Juli und 10. Oktober des laufenden Jahres und zum 10. Januar des folgenden Jahres. Sie müssen ebenfalls elektronisch an das Finanzamt übermittelt werden. Sofern sie per Post versandt werden, gelten sie nur als Antrag auf Abgabe einer Umsatzsteuer-Voranmeldung und werden vom Finanzamt als nicht abgegeben behandelt.

Sofern die Umsatzteuer-Zahllast im Vorjahr über 7.500 Euro lag, ist die Umsatzsteuer-Voranmeldung monatlich abzugeben und bei einer Zahllast zwischen 1.000 und 7.500 Euro vierteljährlich. Nur bei einer Umsatzsteuer-Zahllast von unter 1.000 Euro im Vorjahr werden Unternehmer von der Pflicht zur Abgabe von Umsatzsteuer-Voranmeldungen befreit.

Umfangreiche Steuerpflichten bei Gewerbetreibenden

Gewerbliche Einkünfte kommen bei Ruheständlern typischerweise nur vor, wenn der Rentner auch schon vor Eintritt in den Ruhestand Gewerbetreibender war. Sofern eine Einzelunternehmung beispielsweise Einkünfte aus Gewerbebetrieb erzielt, muss dem Finanzamt der jeweilige Jahresabschluss mit Bilanz sowie Gewinn- und Verlustrechnung vorgelegt werden. Außer der Einkommensteuer kommen dann noch die Umsatzsteuer sowie evtl. auch die Gewerbesteuer ins Spiel.

---

[47] § 23 UStG, und §§ 69,70 UStDV

Bei Kapitalgesellschaften wie einer GmbH wird die Einkommensteuer durch die Körperschaftsteuer ersetzt. Einkommen- oder Körperschafts- teuer, Umsatzsteuer und Gewerbesteuer - angesichts solcher umfangrei- cher Steuerpflichten wird ein Gewerbetreibender ohne Steuerberater wohl nicht auskommen.

7. STEUERN SPAREN MIT IMMOBILIEN

Wer als Ruheständler vermietete Immobilien oder Anteile an geschlossenen Immobilienfonds besitzt, kann auch heute noch kräftig Steuern sparen. Dies gilt vor allem für Abschreibungen, die steuerlich als Werbungskosten von den Mieteinnahmen abgesetzt werden können. Künftig werden sich die Abschreibungssätze im Mietwohnungsneubau möglicherweise wieder erhöhen.

Bei selbstgenutzten, also zu eigenen Wohnzwecken genutzten Einfamilienhäusern oder Eigentumswohnungen, sind die früheren Steuerbegünstigungen wie Eigenheimzulage oder Baukindergeld zwar weggefallen. Das Baukindergeld wird aber eventuell wieder eingeführt, um den Neubau von Eigenheimen zu fördern. Darüber hinaus gibt es noch ein paar andere Möglichkeiten zum Steuernsparen im Eigenheim.

7.1. Steuern sparen im Eigenheim

Steuerersparnisse im Eigenheim beziehen sich grundsätzlich immer nur auf selbstgenutzte Immobilien. Die **Steuerermäßigung für Handwerkerleistungen und haushaltsnahe Dienstleistungen im Eigenheim** wird zwar am ehesten von Selbstnutzern, die zuweilen auch als „Eigenheimer" bezeichnet werden, genutzt. Da aber auch Mietern diese Steuerermäßigung bis zu 1.200 Euro im Jahr bei Handwerkerarbeiten bzw. bis zu 510 Euro bei haushaltsnahen Dienstleistungen von Minijobbern zusteht, zählt sie steuersystematisch zu den privaten Ausgaben bzw. Sonderausgaben, die steuerlich gefördert werden. Demzufolge wurde sie bereits im Kapitel 5.6 näher erläutert.

Die frühere **Eigenheimzulage** (offiziell als Abzugsbetrag für Wohnungen, die zu eigenen Wohnzwecken genutzt werden, oder kurz als § 10e bezeichnet) wurde Ende 2005 abgeschafft. Nur in Altfällen können Selbstnutzer noch davon profitieren. Sie müssen dann in der Anlage FW (Förderung des Wohneigentums) zur Einkommensteuererklärung zum Abzugsbetrag entsprechende Angaben machen, und zwar in den Zeilen 13 und 14.

Abzugsbetrag für denkmalgeschützte Eigenheime

Was oft übersehen wird: Den Abzugsbetrag für denkmalgeschützte Eigenheime gibt es weiterhin (§ 10f EStG). Wer diese in Anspruch nehmen will, muss dies in den Zeilen 11 und 12 der Anlage FW beantragen.

Hintergrund: Die Abschreibung (steuerlich „Absetzung für Abnutzung" genannt und oft mit AfA abgekürzt) spielt für Kosten von Baumaßnahmen bei denkmalgeschützten Gebäuden und Gebäuden, die in Sanierungsgebieten selbst bewohnt werden, eine ganz entscheidende Rolle.

Die auch „Denkmal-AfA" genannte Abschreibung kann nicht nur für vermietete, sondern grundsätzlich auch für selbstgenutzte Immobilien angesetzt werden. Nur der Fachbegriff und die Höhe der steuerlich abzugsfähigen Aufwendungen heißen hier anders: Statt von „Abschreibung" spricht man von **Abzugsbetrag**, der nach § 10 f EStG zehn Jahre lang zu je 9 Prozent der Herstellungskosten abgezogen werden und dann zu einer erheblichen laufenden Steuerersparnis führen kann.

Diese spezielle Steuerersparnis sollten Sie unbedingt vor Kauf eines denkmalgeschützten Hauses mit Absicht zur Selbstnutzung abklären, am besten durch einen Steuerberater. Außerdem sollten Sie sich beim Kauf nicht durch die hohe Steuerersparnis blenden lassen, denn oft werden solche denkmalgeschützten Einfamilienhäuser oder Eigentumswohnungen völlig überteuert angeboten. Die erhoffte Steuerersparnis bezahlen Sie also eventuell durch einen höheren Kaufpreis im Voraus selbst. Hier gilt der Grundsatz „Nicht nur nach Steuern steuern".

Steuerersparnis für häusliches Arbeitszimmer

Was viele nicht wissen: Nach wie vor gibt es in bestimmten Fällen eine Steuerersparnis für das **häusliche Arbeitszimmer im Eigenheim**. Bis zu jährlich 1.250 Euro pro Jahr können Sie auch als Ruheständler unter Werbungskosten aus nichtselbstständiger Arbeit oder Betriebsausgaben aus selbstständiger Arbeit steuerlich absetzen, wenn Sie noch Arbeitseinkünfte haben und für Ihre Tätigkeiten kein anderer Arbeitsplatz zur Verfügung steht.

Sogar ein „Vermieter-Arbeitszimmer" im Eigenheim wird steuerlich gefördert, sofern Sie im Ruhestand über umfangreichen Grundbesitz in Form von Mietwohnhäusern oder mehreren vermieteten Eigentumswohnungen verfügen.

Ob Sie nun Mieter oder Eigentümer von Haus oder Wohnung sind, spielt zunächst keine Rolle. Allerdings errechnen sich die anteiligen Kosten für das häusliche Arbeitszimmer beim Eigentümer aus den Kosten für das Eigenheim insgesamt (einschließlich evtl. Hypothekenzinsen und Abschreibungen) und dem auf die gesamte Wohnfläche entfallenden Anteil des Arbeitszimmers.

Wenn die laufenden jährlichen Kosten für das selbstbewohnte Einfamilienhaus oder die selbstgenutzte Eigentumswohnung beispielsweise mindestens 12.500 Euro im Jahr ausmachen und die auf das Arbeitszimmer entfallende Fläche 10 Prozent der gesamten Wohnfläche (einschließlich Arbeitszimmer), sind 1.250 Euro steuerlich abzugsfähig.

Eine Summe von jährlich 12.500 Euro und mehr für ein beispielsweise 150 Quadratmeter großes Einfamilienhaus mit einem darin enthaltenen Arbeitszimmer von beispielsweise 15 Quadratmetern ist so ungewöhnlich nicht. An jährlichen Bewirtschaftungskosten (Betriebs-, Verwaltungs- und Instandhaltungskosten) fallen zum Beispiel insgesamt 7.200 Euro an, sofern man die Bewirtschaftungskosten mit 4 Euro pro Quadratmeter Wohnfläche im Monat ansetzt.

Hinzu kommen Schuldzinsen von beispielsweise 5.000 Euro bei einem Darlehen von 250.000 Euro zu 2 Prozent Zinsen, so dass die Summe aus Zins- und Bewirtschaftungskosten bereits 12.200 Euro ausmacht. 10 Prozent davon für das häusliche Arbeitszimmer wären bereits 1.220 Euro und damit nur 30 Euro unter der Höchstgrenze von 1.250 Euro.

Liegen die tatsächlichen laufenden Kosten pro Jahr aber deutlich unter 12.500 Euro, kann der Ansatz einer Abschreibung von 2 Prozent der anteiligen Gebäudekosten (zum Beispiel 300.000 Euro für ein Einfamilienhaus, das 375.000 Euro inklusive Kaufnebenkosten gekostet hat) zu weiteren Werbungskosten oder Betriebsausgaben führen. In diesem Beispiel wären es immerhin 6.000 Euro gleich 2 Prozent von 300. 000 Euro.

Obwohl nur vermietete Immobilien steuerlich abgeschrieben werden können, lässt das Finanzamt bei der Berechnung der Kosten für das häusliche Arbeitszimmer eines Selbstnutzers auch den Ansatz dieser fiktiven Abschreibung zu.

7.2. Steuern sparen mit vermieteten Immobilien

Das Recht, mit vermieteten Immobilien legal Steuern zu sparen, wird Ihnen niemand streitig machen können. Steuerersparnisse mit einem Mietwohnhaus oder mit vermieteten Eigentumswohnungen sollten aber immer nur das Sahnehäubchen darstellen. Sie dürfen nicht den Blick auf die eigentliche Immobilienrendite verstellen. Eine attraktive Nettomietrendite mit zinsgünstiger Finanzierung als Hauptspeise und zusätzliche Steuerersparnis als Nachspeise – dieses Gericht dürfte dem erfolgreichen Kapitalanleger besser bekommen.

Mieteinkünfte erzielen Sie mit Miethäusern, vermieteten Eigentumswohnungen, Miethäusern oder mit Anteilen an geschlossenen Immobilienfonds bzw. alternativen Investmentfonds, die in Immobilien (zum Beispiel Pflegeeinrichtungen) investieren. Sie versteuern den Überschuss der Mieteinnahmen über die Werbungskosten bei den Einkünften aus Vermietung und Verpachtung (VuV).

Zu den Werbungskosten zählen auch die Gebäudeabschreibungen, die ebenso wie Schuldzinsen und Bewirtschaftungskosten steuerlich abgesetzt werden können. Beim Verkauf entstandene Veräußerungsgewinne sind steuerfrei, wenn zwischen Kauf und Verkauf mehr als zehn Jahre liegen und kein gewerblicher Grundstückshandel vorliegt.

So schön zusätzliche Mieteinkünfte auch sein mögen: Sie setzen immer ein entsprechendes Immobilienvermögen im Alter voraus. Sinnvoll ist es auf jeden Fall, die private Altersvorsorge nicht nur auf Renten und Pensionen zu stützen.

Steuerersparnisse in der Vermietungsphase

In der Vermietungsphase geht es steuerlich um die Gegenüberstellung von Mieteinnahmen und Werbungskosten. Im Prinzip ist alles ganz einfach: Liegen die Mieteinnahmen einschließlich Umlagen über der Summe aus Zinskosten, Bewirtschaftungskosten und Abschreibungen, entsteht ein steuerlicher Gewinn, der Ihr zu versteuerndes Einkommen erhöht und zusätzliche Steuerzahlungen nach sich zieht.

Wenn die Werbungskosten (Zinskosten, Bewirtschaftungskosten und Abschreibungen) indes die Mieteinnahmen übersteigen, kommt es zu einem steuerlichen Verlust, den Sie mit anderen positiven Einkünften im Wege des steuerlichen **Verlustausgleichs** verrechnen können. Dadurch erzielen Sie entsprechend Ihrer individuellen Steuerprogression eine entsprechende Steuerersparnis.

In der nur zweiseitigen **Anlage V** zu Ihrer Einkommensteuererklärung (V steht für Vermietung) führen Sie alle Einnahmen und Werbungskosten für Ihre vermieteten Immobilien auf. Auf der Vorderseite geht es um die steuerpflichtigen Mieteinnahmen einschließlich Umlagen (Zeilen 9 bis 21) und auf der Rückseite um die steuerlich abzugsfähigen Werbungskosten (Zeilen 33 bis 50).

Nach Ermittlung aller Werbungskosten tragen Sie die Summe wieder auf der Vorderseite (Zeile 22) direkt unter der Summe aus den Mieteinnahmen (Zeile 21) ein. Der Überschuss der Mieteinnahmen über die Werbungskosten erscheint dann in Zeile 23. Wenn sich nach Abzug der Werbungskosten von den Mieteinnahmen ein Minus ergibt, markieren Sie den entstandenen steuerlichen Verlust entsprechend mit einem Minuszeichen in der Zeile 23.

Diese Eintragungen können Sie nach ein bisschen Übung selbst erledigen. Einen Steuerberater brauchen Sie dafür nicht. Wenn Sie beispielsweise nur eine einzige vermietete Eigentumswohnung besitzen, ist das Ausfüllen der Anlage V sogar ein Kinderspiel. Dies setzt aber voraus, dass Sie die Mieteinnahmen und Werbungskosten vorher sorgfältig zusammengestellt haben. Ihre Unterlagen dazu legen Sie der Anlage V bei oder bewahren Sie in einem Ordner auf, falls Sie die Einkommensteuererklärung mit einem speziellen Steuerprogramm erstellen.

Mieteinnahmen und Umlagen

Grundsätzlich müssen Sie alle Bruttomieteinnahmen versteuern, also die Nettokaltmiete (Zeile 9 der Anlage V) zuzüglich Vorauszahlungen auf die Betriebskosten (Umlagen laut Zeile 13). Wenn nach der jährlichen Betriebskostenabrechnung für ein Vorjahr Nachzahlungen fällig sind und diese vom Mieter auch geleistet werden, sind diese Nachzahlungen im Jahr der Gutschrift auf Ihrem Konto ebenfalls als Mieteinnahme zu versteuern. Betriebskosten-Erstattungen an Mieter ziehen Sie von den erhaltenen Umlagen einfach ab und berücksichtigen beides in Zeile 13.

Tatsächlich entstandene Mietausfälle führen selbstverständlich direkt zu niedrigeren Mieteinnahmen. Später teilweise ausgeglichene Mietrückstände sowie an Vermieter ausgezahlte Mietkautionen sind aber mit den Mietausfällen zu verrechnen.

Eine bewusst **verbilligte Vermietung von Wohnungen** führt ab 2012 dennoch zu einem vollen Werbungskostenabzug, sofern die Miete 66 Prozent oder mehr der ortsüblichen Vergleichsmiete übersteigt. Die Vermietung gilt dann ausdrücklich als „vollentgeltlich"[48] mit der Folge, dass alle mit der Vermietung in Zusammenhang stehenden Werbungskosten (Schuldzinsen, Bewirtschaftungskosten, Abschreibungen) in voller Höhe von den Mieteinnahmen abgezogen werden können.

Eine Totalüberschussprognose wie früher bei Mieten zwischen 56 und 75 Prozent der ortsüblichen Vergleichsmiete ist ab 2012 nicht mehr erforderlich. Es ist auch gleichgültig, ob Sie die verbilligte Miete mit einem Angehörigen oder einem Fremden vereinbaren. Die Neuregelung gilt auch für bestehende Mietverhältnisse. Daher ist es sinnvoll, die Höhe der aktuellen Bestandsmieten mit der ortsüblichen Vergleichsmiete laut Mietspiegel zu vergleichen und eventuell nach oben anzupassen, wenn die tatsächlich gezahlte Miete infolge von unterlassenen Mieterhöhungen in der

---

[48] § 21 Abs. 2 EStG

Vergangenheit deutlich unter die ortsübliche Vergleichsmiete gesunken ist.

Die 66-Prozent-Grenze gilt auch für die Umlagen. Daher sollte auch die Bruttowarmmiete aus Nettokaltmiete, kalten und warmen Betriebskosten mindestens 66 Prozent betragen. Besser ist es aus Vorsichtsgründen, die verbilligte Miete mit 70 bis 75 Prozent der ortsüblichen Miete anzusetzen.

Sonstige Einnahmen sind:

- Guthabenzinsen aus Bausparverträgen, die vor- und zwischenfinanziert und für Mietobjekte verwendet wurden
- Erbbauzinsen als Guthabenzinsen für den Eigentümer von Grund und Boden (sog. Erbbaurechtsgeber)
- Mietvorauszahlungen und Baukostenzuschüsse des Mieters
- nicht rückzahlbare Aufwendungszuschüsse zur Minderung der Zins- und Mietbelastung und öffentliche Zuschüsse zur Finanzierung von Modernisierungskosten.

Für Mieteinnahmen und sonstige Einnahmen gilt generell das Zuflussprinzip. Alle Einnahmen sind also grundsätzlich in dem Jahr vom Vermieter zu versteuern, in dem sie ihm auch zufließen. Eine Ausnahme gilt lediglich für regelmäßig wiederkehrende Mieteinnahmen, die bis zu zehn Tage vor Beginn des neuen Jahres (also Vorauszahlungen für das Folgejahr) oder nach dem Jahr, zu dem sie wirtschaftlich gehören (also Nachzahlungen für das Vorjahr), zufließen. Diese Mieteinnahmen sind nicht im Zuflussjahr, sondern im Jahr der wirtschaftlichen Zugehörigkeit zu erfassen.

Werbungskosten

Steuerlich abzugsfähig bei vermieteten Wohnimmobilien sind Zinskosten, Bewirtschaftungskosten und Abschreibungen. Diese werden auf der Rückseite der Anlage V eingetragen. In den Zeilen 36 und 37 geht es um Schuldzinsen und Geldbeschaffungskosten und in den Zeilen 39 bis 49 um steuerlich voll abzugsfähige Erhaltungsaufwendungen, laufende Betriebskosten, Verwaltungskosten und sonstige Kosten. Die Abschreibungen sind in den Zeilen 33 bis 35 einzutragen.

Schuldzinsen für vermietete Immobilien können grundsätzlich in voller Höhe von den Mieteinnahmen abgezogen werden (siehe Zeile 36). Der Schuldzinsenabzug setzt also einen wirtschaftlichen Zusammenhang mit den Mieteinnahmen voraus. Steuerlich abzugsfähig sind in erster Linie die laufend gezahlten Zinskosten für Hypothekendarlehen. Ein einmaliges **Disagio** (Damnum, auch Auszahlungsverlust genannt) ist bis zu 5 Prozent der Darlehenssumme abziehbar, wenn die Zinsbindungsfrist mindestens fünf Jahre ausmacht. Sofern dies nicht erfüllt ist, muss das Disagio auf die Jahre der Zinsfestschreibung verteilt werden.

Abzugsfähig sind auch einmalige **Kreditnebenkosten** wie Notar- und Grundbuchgebühren für die Bestellung und Eintragung von Grundschulden, Bereitstellungszinsen oder Wertschätzungsgebühren (siehe Zeile 37 unter „Geldbeschaffungskosten"). Zu den laufenden Kreditnebenkosten zählen außerdem Kontoführungsgebühren oder Vorfälligkeitsentschädigungen für abgelöste Hypothekendarlehen im Zusammenhang mit einer weiteren Vermietung.

Laufende Tilgungsbeträge sind steuerlich nicht abzugsfähig, da sie keine Kosten darstellen. Wenn Sie von Ihrer Bank eine Jahresbescheinigung über das Darlehen für Ihre vermietete Eigentumswohnung erhalten, übernehmen Sie daraus nur die jährlichen Zinskosten.

Erhaltungsaufwendungen für die vermietete Immobilie (zum Beispiel Renovierungs-, Instandhaltungs- und Modernisierungskosten) sind steuerlich in voller Höhe abzugsfähig, sofern sie nicht über 15 Prozent der anteiligen Gebäudekosten innerhalb von drei Jahren nach Kauf des gebrauchten Mietobjekts aus zweiter Hand hinausgehen.

Grundsätzlich sind sämtliche Bewirtschaftungskosten für Ihre vermietete Eigentumswohnung steuerlich abzugfähig, also

- **Betriebskosten** (zum Beispiel Grundsteuer, Müllabfuhrgebühren, Feuerversicherungsprämie, Wassergeld, Heizkosten)
- **Verwaltungskosten** (zum Beispiel Kosten für Hausverwalter bei vermieteten Eigentumswohnungen, eventuelle Mietwohnungsverwaltung für das Sondereigentum)

147

- **Instandhaltungskosten** (zum Beispiel laufende Erhaltungsaufwendungen für das Gemeinschaftseigentum oder das Sondereigentum Wohnung).

Die Bildung von Instandhaltungsrücklagen ist nicht abziehbar, wohl aber die teilweise oder völlige Auflösung der Rücklage zwecks Bezahlung von Instandhaltungskosten.

Laufende oder einmalige Instandhaltungs- und Instandsetzungskosten zählen in aller Regel zu den Erhaltungsaufwendungen (siehe Zeile 39). Größeren Erhaltungsaufwand können Sie, um den Nachteil der Steuerprogression abzumildern, auf bis zu fünf Jahre gleichmäßig verteilen (siehe Zeilen 41 bis 45 der Anlage V).

Handelt es sich hingegen bei umfangreichen Instandsetzungsmaßnahmen um **Herstellungsaufwand** oder um **anschaffungsnahen Aufwand** bei Überschreiten der Grenze von 15 Prozent der anteiligen Gebäude-Anschaffungskosten innerhalb der ersten drei Jahre nach dem Kauf eines Mietobjekts, sind die Kosten nur zeitanteilig im Wege der Abschreibungen steuerlich abziehbar. Herstellungsaufwand oder anschaffungsnaher Aufwand führt also dann nur über die jährlichen Abschreibungen zu Werbungskosten.

Sonstige steuerlich abzugsfähige Werbungskosten (Zeile 49) können beispielsweise sein:

- Fahrt- und Reisekosten zu Ihrer vermieteten Eigentumswohnung (zum Beispiel 30 Cent für jeden gefahrenen Kilometer)
- Kosten der Mietersuche per Annonce im Internet oder in der Tageszeitung
- Maklerprovision bei Erst- oder Neuvermietung
- Mitgliedsgebühr für den Haus- und Grundbesitzerverein
- Kosten einer speziellen Rechtsschutzversicherung für vermietetes Haus- und Wohnungseigentum oder einer Mietausfall- bzw. Mietnomadenversicherung
- Kosten eines häuslichen Arbeitszimmers in Höhe von maximal 1 250 Euro pro Jahr für die Vermietung von Häusern und Eigentumswoh-

nungen (Vermieter-Arbeitszimmer) bei umfangreichem Besitz von vermieteten Immobilien.

Bei einer vermieteten Eigentumswohnung gehen Sie am besten zunächst von der Jahresabrechnung Ihres Hausverwalters aus. Tragen Sie die Summe aller **Betriebskosten** laut Jahresabrechnung zuzüglich der von Ihnen bezahlten Grundsteuer in Zeile 46 und die **Verwaltervergütung** in Zeile 47 ein. **Instandhaltungskosten**, die durch Entnahme aus der Instandhaltungsrücklage entstehen, zählen zu den Erhaltungsaufwendungen in Zeile 39.

Sofern Ihnen bei Abgabe Ihrer Einkommensteuererklärung die Jahresabrechnung des Hausverwalters für das vergangene Jahr noch nicht vorliegt, können Sie auch wie folgt vorgehen: Von den geleisteten Hausgeld-Vorauszahlungen für das vergangene Jahr ziehen Sie zunächst die Instandhaltungsrücklage sowie eine eventuelle Erstattung laut Verwalterabrechnung vom letzten Jahr ab. Zusätzliche Instandhaltungskosten durch Entnahme aus der Instandhaltungsrücklage sowie eine eventuelle Nachzahlung aus der vergangenen Jahresabrechnung an den Hausverwalter zählen Sie hinzu. Es reicht, wenn Sie den so errechneten Betrag dann in Zeile 46 einsetzen.

Alle übrigen Bewirtschaftungskosten wie Grundsteuer oder Erhaltungsaufwand für Ihre Eigentumswohnung, die Sie direkt aus eigener Tasche zahlen, führen Sie dann noch in den Zeilen 39 und 49 auf. Wenn möglich, teilen Sie die Summe aller Bewirtschaftungskosten noch auf die Positionen Erhaltungsaufwand (Zeile 39), Betriebskosten (Zeile 46), Verwaltungskosten (Zeile 47) und sonstige Kosten (Zeile 49) auf.

Die lineare oder gleichbleibende **Abschreibung** beträgt grundsätzlich 2 Prozent der anteiligen Gebäudekosten (2,5 Prozent bei Fertigstellung des Gebäudes vor dem 1.1.1925) und ist als Werbungskosten steuerlich abzugsfähig, auch wenn sie nicht im laufenden Jahr zu Ausgaben führt. Grundstückskosten dürfen nicht abgeschrieben werden.

Hohe Abschreibungssätze für Neubauten gibt es schon seit längerem nicht mehr. Eine Ausnahme stellt die **Denkmal-Abschreibung** dar. Danach können Vermieter die Sanierungs- bzw. Modernisierungskosten innerhalb von zwölf Jahren abschreiben, und zwar jeweils 9 Prozent in den ersten acht Jahren und dann jeweils 7 Prozent im 9. bis 12. Jahr.

Bei Denkmalprojekten teilen sich die gesamten Investitionskosten typischerweise wie folgt auf: 15 bis 20 Prozent für nicht abschreibungsfähige Grundstückskosten, 10 bis 20 Prozent für Gebäudekosten (mit jeweils 2 Prozent beziehungsweise 2,5 Prozent abschreibbar) und der Rest von 60 bis 75 Prozent für die Modernisierungskosten des Baudenkmals.

Das Finanzamt erkennt nur Modernisierungskosten und damit die hohe Denkmal-Abschreibung an, die vom Denkmalschutzamt zuvor bescheinigt wurden. Außerdem darf der Kaufvertrag auf keinen Fall vor Sanierungsbeginn unterschrieben werden.

Während Denkmalprojekte in den alten Bundesländern nur höchstens 5 Prozent aller Wohnimmobilien ausmachen, liegt der Anteil in den neuen Bundesländern meist deutlich über 50 Prozent. Daraus zu folgern, dass die Investition in Denkmalprojekte im Osten besonders lukrativ erscheint, ist falsch. Meist sind die angebotenen Objekte wie in Leipzig mit einem Anteil von fast 70 Prozent aller Wohnimmobilien hoffnungslos überteuert. Lukrativ sind sie dann meist nur für Anbieter und Vermittler, die sich auf diesem Spezialmarkt tummeln und meist nicht als besonders seriös bekannt sind.

Abgesehen von Denkmalprojekten dominiert die so genannte **lineare AfA** (AfA = Absetzung für Abnutzung) als gleichbleibende Abschreibung von 2 Prozent der anteiligen Gebäudekosten, falls die vermieteten Wohn- oder Gewerbeimmobilien nach dem 31.12.1924 fertig gestellt wurden (siehe Zeile 33 der Anlage V). Die Aufteilung der Gesamtinvestitionskosten in nicht abschreibungsfähige Grundstückskosten und über die AfA abzugsfähigen Gebäudekosten soll laut Bundesfinanzhof grundsätzlich nach der **Verkehrswertmethode** erfolgen.

Oft liegt aber ein Gutachten mit einer Aufteilung des Verkehrswertes auf Bodenwert und Gebäudewert gar nicht vor. Man kann dann den Kaufpreis bereits im notariellen Kaufvertrag in Grundstücks- und Gebäudepreis aufteilen. Das Finanzamt muss sich an diese **Kaufpreisaufteilung** aber nicht halten.

Bei vermieteten Eigentumswohnungen wird häufig mit Erfahrungs-werten gearbeitet. Je nach Lage der Eigentumswohnung werden 70 bis 90 Prozent der Anschaffungskosten als anteilige Gebäudekosten angesetzt. Die auch anzutreffende **Restwertmethode**, wonach das Finanzamt den Wert für Grund und Boden laut Bodenrichtwertkarte einfach vom Kauf-preis abzieht und den verbleibenden Wert als Gebäudewert ansetzt, soll-ten Sie nicht akzeptieren, wenn dadurch ein zu niedriger Gebäudeanteil herauskommt. Schließlich liegt es in Ihrem Interesse, dass der Anteil der Gebäudekosten relativ hoch liegt.

Die früher mögliche hohe degressive AfA sowie die außergewöhnlich hohe Sonderabschreibung bei Neubauten in den neuen Bundesländern hatten den Erwerb von Neubauobjekten in den 1990er Jahren extrem ver-teuert. Häufig schlugen die Anbieter von Neubau-Eigentumswohnungen die fiktive Steuerersparnis einfach auf den normalen Marktpreis drauf und lockten die Kapitalanleger mit der Aussicht auf hohe Abschreibungen und Steuerersparnisse.

Ob eine hohe degressive Abschreibung bei vermieteten Neubau-Wohnimmobilien demnächst wieder eingeführt wird, ist ungewiss. Mit Sicherheit wird sie aber nicht mehr so hoch liegen wie in den 1990er Jah-ren.

Steuerlicher Gewinn oder Verlust aus Vermietung

Der Überschuss der Mieteinnahmen über die Werbungskosten stellt den steuerlichen Gewinn aus der vermieteten Immobilie dar, der zu ver-steuern ist und zu einer zusätzlichen Belastung an Einkommensteuer in-klusive Solidaritätszuschlag führt.

Liegen die Werbungskosten über den Mieteinnahmen, entsteht ein steuerlicher Verlust aus Vermietung, der mit anderen positiven Einkünf-ten ausgeglichen werden kann. Steuerliche Verluste aus Vermietung füh-ren daher zu laufenden Steuerersparnissen.

Steuern sparen mit Verlusten

Renditeorientierte Kapitalanleger werden sich hüten, zwecks Steu-erersparnis ganz bewusst laufende wirtschaftliche Verluste in Kauf zu nehmen. Etwas anderes gilt für steuerliche und nur buchtechnische Vermietungsverluste, die durch den Ansatz von Abschreibungen entstehen.

Beispiel: Sie erzielen mit Ihrer vermieteten Eigentumswohnung einen jährlichen Mietreinertrag von 8.000 Euro nach Abzug aller nicht umlagefähigen Bewirtschaftungskosten. Da Sie die Anschaffungskosten von 200.000 Euro zu 80 Prozent über ein Hypothekendarlehen fremd finanziert haben bei einem noch hohen Sollzins von 4 Prozent, zahlen Sie Hypothekenzinsen von ebenfalls 8.000 Euro. Vor Steuern sieht dies wie ein Nullsummenspiel aus. Ihr Mietreinertrag reicht exakt zur Deckung der Zinskosten aus.

Nach Steuern erzielen Sie jedoch ein finanzielles Plus. Bei anteiligen Gebäudekosten von 160.000 Euro, also ebenfalls 80 Prozent der Anschaffungskosten, und einer Abschreibung von 2 Prozent fallen Abschreibungen in Höhe von 1.600 Euro pro Jahr an. Ihr steuerlicher Verlust aus der vermieteten Eigentumswohnung beträgt somit ebenfalls 1.600 Euro und führt bei einem persönlichen Steuersatz von beispielsweise 35 Prozent zu einer jährlichen Steuerersparnis von 560 Euro.

Für Ihre Vermietungseinkünfte gilt das Nettoprinzip. Das heißt, Sie versteuern nur den Überschuss der Mieteinnahmen über die Werbungskosten. Liegen aber die Werbungskosten (Bewirtschaftungskosten, Hypothekenzinsen, Abschreibungen) wie in diesem vereinfachten Beispiel über den Mieteinnahmen, entstehen negative Vermietungseinkünfte bzw. steuerliche Verluste.

Vor allem bei überfinanzierten und renditeschwachen Mietobjekten können die steuerlichen Verluste stark anwachsen. Problematisch wird es, wenn die Hauptursache für die steuerlichen Verluste in einem deutlichen Überschuss der Hypothekenzinsen über die Mietreinerträge liegt. Steuerliche Verluste gehen dann mit echten wirtschaftlichen Verlusten einher.

Völlig anders sieht die Situation aus, wenn die Mietreinerträge trotz hoher Fremdfinanzierung zur Deckung der Hypothekenzinsen ausreichen und die steuerlichen Verluste allein auf den Ansatz von Abschreibungen zurückzuführen sind. Die Verluste in Höhe der Abschreibungen ziehen

Steuerersparnisse nach sich und bescheren Ihnen eine steuerliche Zusatz-rendite.

Die Steuerersparnis setzen Sie am besten für eine Sondertilgung des Darlehens und damit indirekt für den Vermögensaufbau ein. Dann stimmen sogar die Sprüche „Steuern, die Vermögen werden" oder „Gewinne mit steuerlichen Verlusten".

Doch Vorsicht: Mit diesen Sprüchen treiben unseriöse Anbieter und Vermittler auch heute noch ihr Unwesen. Oft müssen diese Sprüche herhalten, um von hoffnungslos überfinanzierten und renditeschwachen Mietobjekten abzulenken.

Außerdem gilt der banale Satz: Steuern durch Verluste spart nur derjenige, der auch Steuern zahlt. Wer keine Steuern zahlt oder nur einen Steuersatz von deutlich unter 30 Prozent hat, sollte sich von einer Kapitalanlage in vermietete Wohnimmobilien eher fernhalten. Umgekehrt gilt: Bei einer Steuerprogression von über 30 Prozent können steuerliche Verluste durchaus Sinn machen, sofern damit wirksam Steuern gespart werden.

Vermietungsverluste sind grundsätzlich mit anderen positiven Einkünften über den **Verlustausgleich** verrechenbar, sofern die Absicht zur Erzielung von Mietüberschüssen besteht. Die so genannte **Überschusserzielungsabsicht** lässt sich meist anhand einer Langfristprognose beweisen. Es muss ein Totalüberschuss der Mieteinnahmen (einschließlich Umlagen, aber ohne Veräußerungsgewinne und Steuerersparnisse) über die Werbungskosten (einschließlich Abschreibungen) vorliegen.

Auch als Vermieter einer Eigentumswohnung könnten Sie eine Langfristrechnung mit Ermittlung des Totalüberschusses aufstellen. Meist ist dies aber gar nicht erforderlich, da laut einem Schreiben des Bundesfinanzministeriums vom 23.07.1992 bei Immobilien „grundsätzlich von einer tatsächlichen Nutzungsdauer von 100 Jahren auszugehen" ist und bei Vermietungseinkünften der „Beweis des ersten Anscheins für das Vorliegen der Einkunftserzielungsabsicht" spricht.

Vermieter und Kapitalanleger in Immobilien erhalten zwar keinen Sparerfreibetrag auf ihre Mieterträge und können einen Gewinn aus der

Vermietung nicht der Abgeltungsteuer von zurzeit nur 25 Prozent unterwerfen. Allerdings können Sie Gebäudeabschreibungen von den Mieterträgen abziehen und somit ihre Steuer vermindern. Diese Steuerersparnis durch Ansatz von Abschreibungen wiegt den Nachteil des fehlenden Sparerfreibetrags und des Nicht-Ansatzes der niedrigen Abgeltungsteuer in vielen Fällen mehr als auf.

Steuerfreier Veräußerungsgewinn beim Immobilienverkauf

Wer Steuern auf Veräußerungsgewinne beim Verkauf von vermieteten Immobilien völlig vermeiden will, muss nur die Besitzdauer von mehr als zehn Jahren bei Immobilien überschreiten. Aussitzen zahlt sich also aus, sofern Sie **steuerfreie Veräußerungsgewinne** beim Verkauf Ihrer vermieteten Wohnimmobilie erst nach Ablauf von zehn Jahren realisieren, wobei die Zehn-Jahres-Frist vom notariellen Kauf bis zum notariellen Verkauf gerechnet wird.

Die zu Ihrem Privatvermögen zählenden Mietobjekte sollten Sie daher grundsätzlich mehr als zehn Jahre halten. Wenn Sie diese einfache Halteregel befolgen, fließt Ihnen der Überschuss des Veräußerungserlöses über die Anschaffungskosten steuerfrei zu.

Die Höhe der Veräußerungsgewinne und die Zahl der verkauften Mietobjekte spielt dabei keine Rolle. Es kommt einzig und allein auf die Besitzdauer zwischen Kauf und Verkauf an. Beschenkte oder Erben von Immobilienvermögen zählen die Besitzdauer des Schenkers oder Erblassers mit. Sie treten praktisch in die Fußstapfen ihres Rechtsvorgängers.

Von der Zehn-Jahres-Frist ausgenommen sind nur Immobilien, die ausschließlich zu eigenen Wohnzwecken genutzt wurden, und zwar entweder im gesamten Zeitraum zwischen Erwerb und Veräußerung oder zumindest im Veräußerungsjahr und in den beiden vorangegangenen Jahren. Darunter fallen also nur selbstgenutzte Einfamilienhäuser oder Eigentumswohnungen, nicht aber vermietete Wohnimmobilien. Selbstgenutzte Wohnimmobilien können Sie somit auch vor Ablauf von zehn Jahren mit steuerfreiem Gewinn veräußern.

Wer die **Zehn-Jahres-Frist bei Mietobjekten** unterschreitet, begibt sich auf gefährliches steuerliches Glatteis. Zunächst einmal wird der Veräußerungsgewinn als Differenz zwischen Veräußerungspreis und Rest-buchwert versteuert, sofern der Immobilienkauf nach dem 31.07.1995 er-folgte. Da sich der Restbuchwert aus dem Abzug der Abschreibungen von den Anschaffungskosten ergibt, werden praktisch alle in der Vergangen-heit geltend gemachten Abschreibungen rückgängig gemacht und dadurch stille Reserven aufgedeckt. Dadurch fällt der steuerpflichtige Veräußerungsgewinn deutlich höher aus als der rein wirtschaftliche Ge-winn aus der Differenz zwischen Veräußerungserlös und Anschaffungs-kosten.

Steuerpflichtige Veräußerungsgewinne muss der private Immobilien-verkäufer in den Zeilen 31 bis 40 der Anlage SO (Sonstige Einkünfte) an-geben. Auch Gewinne aus der privaten Veräußerung von anderen Wirt-schaftsgütern (zum Beispiel Kunstgegenstände) müssen in Anlage SO un-ter den Zeilen 41 bis 45 aufgeführt werden.

Sofern Sie mehr als drei Objekte innerhalb von fünf Jahren verkaufen, tappen Sie außerdem noch in die Falle des gewerblichen Grundstücks-handels und müssen zusätzlich Gewerbeertragsteuer zahlen. Wichtig: Bei der Anwendung der so genannten **Drei-Objekt-Grenze** zählen Objekte mit einer Besitzdauer von mehr als zehn Jahren nicht mit.

Nach Ablauf von zehn Jahren können Sie grundsätzlich so viel Miet-objekte verkaufen wie Sie wollen. Eventuell anfallende Veräußerungsge-winne fließen Ihnen nach derzeitigem Steuerrecht steuerfrei zu, sofern es sich um Ihr Privatvermögen handelt.

7.3. Einkünfte aus geschlossenen Immobilienfonds

Einkünfte aus geschlossenen Immobilienfonds, die seit einigen Jahren geschlossene alternative Investmentfonds (AIF) mit Schwerpunkt Immo-bilien heißen, werden steuerlich ebenfalls als Einkünfte aus Vermietung und Verpachtung behandelt, sofern es sich nicht um Einkünfte aus Ge-werbebetrieb handelt.

Einkünfte aus Vermietung und Verpachtung liegen vor, wenn die Fondsgesellschaft nur eine **vermögensverwaltende Tätigkeit** ausübt. Bei einer gewerblich geprägten bzw. gewerblichen Fondsgesellschaft entstehen hingegen Einkünfte aus Gewerbebetrieb, die in Anlage G einzutragen wären.

Einkünfte aus geschlossenen und gleichzeitig vermögensverwaltenden Immobilienfonds sind hingegen auf Seite 1 der Anlage V unter „Anteile an Einkünften" einzutragen. In Zeile 28 der Anlage V kommt im Übrigen immer noch die ältere Bezeichnung „geschlossene Immobilienfonds" vor.

Die Fondsgesellschaft erteilt den Anlegern eine jährliche Steuerbescheinigung, der die **anteiligen Einkünfte aus Vermietung und Vermietung** zu entnehmen sind. Grundlage für die auf den Fondsanleger entfallenden Mieteinkünfte ist der Überschuss der Mieteinnahmen über die Werbungskosten bei der Fondsgesellschaft und nicht die jährliche Ausschüttung an die Fondsanleger, die steuerrechtlich eine Entnahme darstellt.

Das prognostizierte steuerliche Ergebnis während der Laufzeit des geschlossenen Immobilienfonds ist der Prognoserechnung im offiziellen Emissionsprospekt zu entnehmen. Oft entsteht im ersten Jahr ein steuerlicher Verlust, da die Werbungskosten infolge der Bankgebühren für die Zwischen- und Endfinanzierung sowie der Kosten für die Grundschuldbestellung und –eintragung höher als die noch geringen Mieteinnahmen sind. Dieser steuerliche Verlust kann mit positiven anderen Einkünften ausgeglichen werden.

Üblicherweise liegt bereits ab dem zweiten Jahr bzw. dem ersten vollen Vermietungsjahr ein steuerlicher Gewinn aus Vermietung und Verpachtung vor. Eine Totalüberschussprognose über die voraussichtliche Gesamtlaufzeit des Fonds ist dann entbehrlich. Bei geschlossenen Immobilienfonds mit einer auf Dauer angelegten Vermietungstätigkeit dürfte die Überschusserzielungsabsicht nicht in Frage stehen.

Der Fondsanleger kann seine Beteiligung auch teilweise fremd finanzieren. Die Kosten dieser **Anteilsfinanzierung** muss er seiner Fondsgesellschaft als Sonderwerbungskosten rechtzeitig vor Beginn des steuerlichen Feststellungsverfahrens mitteilen, damit sie in der Steuerbescheinigung berücksichtigt werden können. Ob eine Anteilsfinanzierung aus wirtschaftlicher Sicht überhaupt sinnvoll ist, muss der Fondsanleger selbst entscheiden.

7.4. Erbschaft- und Schenkungsteuer sparen mit Immobilien

Wer Immobilien erbt, kann grundsätzlich damit tun und lassen, was er will. Er muss aber zunächst dem Finanzamt formlos den Todesfall melden und nach Zusendung des entsprechenden Formulars eine **Erbschaftsteuererklärung** abgeben, in der er alle ererbten Immobilien aufführt. Das Finanzamt wird dann den Wert der Immobilien und die Höhe des gesamten Nachlasses ermitteln.

Das **geerbte Eigenheim** sollten der überlebende Ehe- bzw. Lebenspartner oder das erbende Kind mindestens zehn Jahre selbst bewohnen, damit das Eigenheim von der Erbschaftsteuer befreit wird. Bei erbenden Kindern gilt die Steuerbefreiung nur für ein Eigenheim mit einer Wohnfläche bis zu 200 Quadratmetern. Ist das Eigenheim größer, wird der über 200 Quadratmeter liegende Anteil der Wohnfläche zur Erbschaftsteuer herangezogen. Ist das Eigenheim beispielsweise 250 Quadratmeter groß, sind nur 80 Prozent des Verkehrswertes erbschaftsteuerfrei. Die restlichen 20 Prozent werden mit dem entsprechenden steuerlichen Wert angesetzt.

Die **ehebedingte Zuwendung eines Familienheims** ist auch schon zu Lebzeiten steuerfrei.[49] Es muss sich dabei um ein zu eigenen Zwecken genutztes Wohnhaus oder eine selbstgenutzten Eigentumswohnung handeln. Vergleichbare Vergünstigungen bei Eigenheimen gibt es für nichteheliche Lebensgemeinschaften nicht.

---

[49] § 13 Abs. 1 Nr. 4a Erbschaft- und Schenkungsteuergesetz

Geerbte vermietete Immobilien im Privatbesitz des Erblassers können die Erben weiter vermieten oder verkaufen. Das Finanzamt nimmt bei der Bewertung der geerbten Mietobjekte einen Abschlag in Höhe von 10 Prozent des ermittelten Vergleichs-, Ertrags- oder Sachwertes vor (sog. Verschonungsabschlag). Somit werden vermietete Immobilien für erbschaft- oder schenkungsteuerliche Zwecke nur mit 90 Prozent ihres geschätzten Verkehrswertes angesetzt. Der Ertragswert steht bei Mietwohnhäusern, Wohn- und Geschäftshäusern und vermieteten Gewerbeimmobilien im Vordergrund, während der Vergleichswert üblicherweise bei vermieteten Eigentumswohnungen ermittelt wird.

Bei **geschlossenen Immobilienfonds** ist der aktuelle Grundbesitzwert meist nur schwer zu erfassen. Grundsätzlich wird der Anteil des Fondsanlegers am gesamten Immobilienwert ermittelt, der seinem Anteil an der Gesamtinvestition des Fonds entspricht. Eine Hilfe bieten aktuelle Preise auf dem Zweitmarkt für Fondsbeteiligungen, sofern dort Zweitmarktpreise für die im Besitz stehenden Anteile an geschlossenen Immobilienfonds bekannt sind.

Steuern sparen beim Verschenken von Immobilien

Das Verschenken von Immobilien zu Lebzeiten im Wege der **vorweggenommenen Erbfolge** hat Vorteile für beide Seiten, also für Schenker und Beschenkte. Der wichtigste Vorteil besteht darin, dass schon zu Lebzeiten der Vermögensübergang bei Immobilien geregelt wird. Das schafft rechtzeitig Klarheit und vermeidet langwierige und oft erbitterte Erbstreitigkeiten um Haus und Wohnung im Todesfall.

Darüber hinaus lassen sich für beide Seiten sinnvolle Regelungen wie **Nießbrauchsrecht, lebenslanges Wohnungsrecht oder lebenslange Rente** finden. Der Beschenkte wird in diesen Fällen bereits zu Lebzeiten Immobilieneigentümer, während der Schenker weiterhin noch Nutzen aus dem verschenkten Immobilienbesitz zieht. Mit dem Verschenken im Zehn-Jahres-Zyklus lässt sich zudem Schenkung- und Erbschaftsteuer vermeiden oder zumindest reduzieren.

Hohe Freibeträge bei der Erbschaft- und Schenkungsteuer

Die Höhe der Erbschaft- und Schenkungsteuer auf das Immobilienvermögen (ohne das vom hinterbliebenen Ehegatten über mindestens zehn Jahre weiter bewohnte Eigenheim) und übrige Geldvermögen hängt vom Wert des steuerpflichtigen Erwerbs nach Abzug bestimmter Freibeträge, der vom Verwandtschaftsgrad abhängigen Steuerklasse und vom jeweiligen Steuersatz ab.

Folgende Steuerklassen sind dabei zu unterscheiden:

- Steuerklasse I (Ehegatten, Kinder, Enkel, Eltern, Großeltern)
- Steuerklasse II (Geschwister, Nichten, Neffen, Schwiegereltern, Schwiegerkinder, geschiedener Ehegatte)
- Steuerklasse III (alle übrigen).

Der Steuersatz steigt je nach Höhe des steuerpflichtigen Wertes von 7 Prozent in Steuerklasse I bis auf höchstens 50 Prozent in Steuerklasse III (siehe Tabelle 10).

Tabelle 10: Steuersätze bei der Erbschaft- und Schenkungsteuer

Steuerwert*	Steuersätze in Steuerklasse		
	I	II	III
bis 75.000 €	7 %	15 %	30 %
„ 300.000 €	11 %	20 %	30 %
„ 600.000 €	15 %	25 %	30 %
„ 6.000.000 €	19 %	30 %	30 %
„ 13.000.000 €	23 %	35 %	50 %
„ 26.000.000 €	27 %	40 %	50 %
darüber	30 %	43 %	50 %

*) Steuerwert = Wert des steuerpflichtigen Erwerbs nach Abzug der Freibeträge

Die recht hohen Steuersätze müssen Sie aber nicht erschrecken, da sich der Wert des steuerpflichtigen Erwerbs durch relativ hohe persönliche Freibeträge insbesondere bei Ehegatten und Kinder deutlich vermindert und in vielen Fällen sogar auf Null fällt.

Immerhin macht der **persönliche Freibetrag** für den erbenden Ehegatten eine halbe Million Euro aus und für die Kinder noch 400 000 Euro (siehe Tabelle 11).

Tabelle 11: Persönliche Freibeträge bei der Erbschaft- und Schenkungsteuer

(bei Erbschaften und Schenkungen ab 2009)

Erbe/Beschenkter	Freibetrag
Ehegatte	500.000 Euro
Kinder und Kinder verstorbener Kinder	400.000 Euro
übrige Enkel, Eltern und Großeltern (nur im Todesfall)	200.000 Euro
Steuerklasse II (z.B. Geschwister)	20.000 Euro
alle übrigen	20.000 Euro

Außer den persönlichen Freibeträgen gibt es noch **sachliche Freibeträge** in Höhe von 41.000 Euro für den Hausrat und 10.300 Euro für sonstiges bewegliches Vermögen bei Ehegatten, Kindern, Enkeln, Eltern und Großeltern. Für alle übrigen Erben und Beschenkten liegt der sachliche Freibetrag bei insgesamt 10.300 Euro.

Nur im Erbfall, nicht bei der Schenkung werden zusätzlich noch **Versorgungsfreibeträge** in Höhe von 250.000 Euro für Ehegatten und 10.300 bis 52.000 Euro für Kinder je nach Alter gewährt.

Allerdings sind diese Versorgungsfreibeträge um den kapitalisierten Barwert der Hinterbliebenenversorgung (zum Beispiel Barwert der Witwenrente in der gesetzlichen Rentenversicherung und oder Barwert des Witwengeldes in der Beamtenversorgung) zu kürzen. Bei hohen Witwengeldern für Witwen von Beamtenpensionären geht der Versorgungsfreibetrag schnell gegen Null.

Eine Erbschaft- und Schenkungsteuerpflicht tritt grundsätzlich nur ein, wenn das nach Abzug der Schulden verbleibende Reinvermögen über den genannten persönlichen und sachlichen Freibeträgen sowie besonderen Versorgungsfreibeträgen liegt.

Die hier genannten Regelungen zur Erbschaft- und Schenkungsteuer beziehen sich auf Immobilien im Privatvermögen. Für das Vererben oder Verschenken von Immobilien im Betriebsvermögen gelten einige Sonderregelungen.

Zum Erben und Verschenken von Immobilien noch ein paar Zahlen: Von rund 11 Bio. Euro Privatvermögen in Deutschland entfallen 4,7 Bio. Euro oder 43 Prozent auf das Immobilienvermögen. Der Rest stellt Geldvermögen in Höhe von 5,2 Bio. und Sachvermögen von 1,7 Bio. Euro dar.

Von diesen 11 Bio. Euro wechselt ein Privatvermögen von 3,1 Bio. Euro im kommenden Jahrzehnt durch Erbschaft oder Schenkung ihren Besitzer. 1,4 Bio. Euro oder 45 Prozent davon macht allein der Immobilienanteil aus.

Im Zeitraum von 2015 bis 2024 wird mit insgesamt 7,7 Millionen Todesfällen gerechnet. Bei 1,9 Millionen, also in jedem vierten Todesfall, erbt der hinterbliebene Ehepartner. Das von überlebenden Ehepartnern ererbte Vermögen wird auf 1,1 Bio. Euro geschätzt. Davon entfallen allein 0,5 Bio. oder 500 Mio. Euro auf Immobilien.

In 5,8 Millionen Todesfällen geht das Erbe auf die Kinder über. Das generationenübergreifende Erbe umfasst 2,1 Bio. Euro. Darunter gehen allein 0,9 Bio. oder 900 Mio. Euro für Immobilien an die nächste Generation über.

8. STEUERN SPAREN BEI KAPITALEINKÜNFTEN

Wenn Sie als Rentner oder Pensionär zusätzliche Zins- und Dividendeneinkünfte erzielen, sind Sie fein raus. Eine Anrechnung dieser Kapitaleinkünfte auf Ihre Rente oder Pension findet in keiner Weise statt. Die noch verbliebenen Steuervorteile bei den Einkünften aus Kapitalvermögen (Anlage KAP) wie Sparerfreibetrag und Abgeltungsteuer von zurzeit nur 25 Prozent für die über diesem Sparerfreibetrag liegenden Kapitaleinkünfte können Sie wie jeder andere Steuerzahler nutzen.

Der Altersentlastungsbetrag steht Ihnen beispielsweise auch für diese Einkünfte zu, allerdings nur einmal pro Person. Wenn Ihr Ehepartner und Sie beide schon 65 Jahre alt sind und beide über Pension und Rente hinausgehende Kapitaleinkünfte erzielen, können beide den Altersentlastungsbetrag geltend machen.

8.1. Sparerfreibetrag und Abgeltungsteuer

Seit 2009 bleiben Kapitalerträge bis zum **Sparerfreibetrag** von 801 Euro für Alleinstehende und 1.602 Euro für Verheiratete, die steuerlich zusammen veranlagt werden, steuerfrei und sind damit auch von der Kapitalertragsteuer, die üblicherweise als Abgeltungsteuer bezeichnet wird, befreit.

Bei zusammen veranlagten Ehegatten wird der gemeinsame Sparerfreibetrag, der bei dem einen Ehegatten nicht ausgenutzt werden kann, auf den anderen Ehegatten übertragen. Wenn beispielsweise die Ehefrau nur Zinseinkünfte von 500 Euro erzielt, kann ihr Ehemann noch weitere Kapitalerträge bis zu 1.102 Euro jährlich steuerfrei kassieren.

Außer dem Sparfreibetrag können keine weiteren tatsächlichen Werbungskosten bei den Einkünften aus Kapitalvermögen abgesetzt werden. Damit die Abgeltungsteuer bei Kapitaleinkünften bis zu 801 bzw. 1.602 Euro erst gar nicht von Banken, Sparkassen, Genossenschaften oder Fondsgesellschaften einbehalten wird, muss diesen Instituten ein **Frei-**

stellungsauftrag erteilt werden. Erfolgt dies nicht, wird die Abgeltungsteuer erst mit dem Einkommensteuerbescheid zurück erstattet, sofern die gesamten Kapitalerträge tatsächlich unter 801 bzw. 16.02 Euro im Jahr liegen.

Falls mehreren Banken oder anderen Geldinstituten Freistellungsaufträge erteilt werden, darf die Summe den Freistellungshöchstbetrag von 801 bzw. 1.602 Euro nicht überschreiten.

Die **Kapitalertragsteuer** bzw. Abgeltungsteuer greift erst bei Kapitaleinkünften oberhalb des Sparerfreibetrags von 801/1.602 Euro (Alleinstehende/Verheiratete) zu. Diese überschießenden Kapitalerträge werden dann pauschal zu 25 Prozent zuzüglich Solidaritätszuschlag und evtl. Kirchensteuer pauschal besteuert. Mit diesem Steuerabzug ist die Einkommensteuer bei Kapitaleinkünften, die der Kapitalertragsteuer unterliegen, grundsätzlich abgegolten. Daher wird auch von „Abgeltungsteuer" gesprochen, obwohl dieser Begriff weder im Einkommensteuergesetz noch in den Mitteilungen der Kreditinstitute oder der Anlage KAP zur Einkommensteuererklärung auftaucht. Dort ist immer nur von der Kapitalertragsteuer die Rede.

Wenn Ihr persönlicher Steuersatz unter 25 Prozent zuzüglich evtl. Solidaritätszuschlag liegt, können Sie die zu viel einbehaltene Steuer über die Einkommensteuererklärung zurückfordern. Zu diesem Zweck müssen Sie die **Günstigerprüfung für sämtliche Kapitalerträge** in der Anlage KAP beantragen und dort in Zeile 4 die Ziffer 1 für „Ja" eintragen.

In bestimmten Fällen kann diese Günstigerprüfung auch für Ruheständler mit einem persönlichen Steuersatz über 25 Prozent sinnvoll sein, sofern sie einen steuerfreien Altersentlastungsbetrag für ihre Kapitaleinkünfte erhalten (siehe Kapitel 9.3). Daher schadet es in keinem Fall, die Günstigerprüfung zu beantragen.

Die laut Steuerbescheinigungen einbehaltenen **Steuerabzugsbeträge** (Kapitalertragsteuer, Solidaritätszuschlag, Kirchensteuer zur Kapitalertragsteuer) sind auf der Rückseite der Anlage KAP in den Zeilen 47 bis 49 einzutragen.

Bis Ende 2014 konnten Kirchensteuerzahler wählen, ob Banken und andere Geldinstitute die Kirchensteuer direkt von den steuerpflichtigen Kapitalerträgen einbehalten sollten oder ob sie dies in ihre Einkommensteuererklärung selbst übernehmen wollten. Dieses Wahlrecht ist ab 2015 entfallen. Seitdem wird die Kirchensteuer automatisch durch die Bank oder ein anderes Geldinstitut einbehalten und an die jeweilige Religionsgemeinschaft abgeführt. Dies gilt aber nicht für Zinsen aus der Instandhaltungsrücklage bei Eigentumswohnungen.

Setzen Sie auf der Vorderseite der Anlage KAP in Zeile 6 die Ziffer 1 für „Ja" ein, wurde bei der Kapitalertragsteuer keine zusätzliche Kirchensteuer einbehalten.

Kapitalertragsteuer von 25 Prozent, Solidaritätszuschlag (5,5 Prozent der Kapitalertragsteuer) und Kirchensteuer (8 bzw. 9 Prozent der Kapitalertragsteuer) machen zusammen bis zu 28 Prozent der Brutto-Kapitaleinkünfte aus. Netto verbleiben somit im Schnitt noch 72 Prozent.

Die in 2009 eingeführte Abgeltungsteuer auf Kapitaleinkünfte verteidigte Ex-Bundesfinanzminister Peer Steinbrück mit dem plakativen Spruch: „*Besser 25 Prozent von x als 42 Prozent von nix*". Inzwischen haben aber viele Staaten einen automatischen Austausch von Steuerdaten vereinbart, so dass „*42 Prozent von nix*" immer seltener vorkommt. Der automatische Informationsaustausch für Daten auf Auslandskonten, auf denen deutsche Staatsbürger und Firmen Vermögen von mehr als eine Million Dollar angelegt hatten, erfolgt seit Ende September 2017. Im Jahr 2018 sollen dann alle Auslandskonten erfasst werden.

Ob die Kapitalertrag- bzw. Abgeltungsteuer zumindest bei Zinseinkünften künftig abgeschafft wird, wie von den beiden großen Parteien geplant, ist noch ungewiss. Der Satz „*Die Abgeltungsteuer auf Zinserträge wird mit Etablierung des automatischen Informationsaustauschs abgeschafft*" im Koalitionsvertrag von Union und SPD muss so verstanden werden, dass nur die sog. Zinsabschlagsteuer abgeschafft werden soll und die Abgeltungsteuer auf Dividendeneinkünfte und Veräußerungsgewinne sowie Kapitaleinkünfte aus Anteilen an Investmentfonds beibehalten werden soll. In diesem Fall würden nur die Zinserträge mit dem persönlichen Steuersatz besteuert, allerdings erst nach Abzug des Sparerfreibetrags von 801/1.602 Euro (Alleinstehende/Verheiratete) und eines evtl. Altersentlastungsbetrags für Kapitaleinkünfte.

Seit Einführung der Abgeltungsteuer in 2009 sind die Steuereinnahmen aus Kapitalerträgen von 12,5 Milliarden Euro auf insgesamt 25 Milliarden Euro gestiegen. Der Löwenanteil von allein 19,4 Milliarden Euro entfällt jedoch auf die Abgeltungsteuer für Dividendenerträge. Im Vergleich dazu machen die Einnahmen aus der Abgeltungsteuer auf Zinserträge und Veräußerungsgewinne nur 5,6 Milliarden Euro in 2017 aus.

Würde auch die Abgeltungsteuer auf Dividendenerträge abgeschafft und durch die Besteuerung zum persönlichen Steuersatz ersetzt, käme es zu einer Doppelbesteuerung, da die Unternehmensgewinne bereits von den Aktiengesellschaften durch Körperschaft- und Gewerbesteuer besteuert werden, was rund 30 Prozent der Bruttodividende ausmacht.

Wenn Aktionäre auf die restlichen 70 Prozent der Dividende noch den Spitzensteuersatz von 44,31 Prozent einschließlich Solidaritätszuschlag zahlen müssten, läge die gesamte Steuerbelastung bei 61 Prozent und die Nettodividende unter dem Strich somit nur bei 39 Prozent.

Auch Veräußerungsgewinne sind seit 2009 beim Verkauf von Aktien und Anteilen an Investmentfonds kapitalertrag- bzw. abgeltungsteuerpflichtig, sofern diese nach dem 31.12.2008 erworben wurden. Die vor 2009 geltende Spekulationsfrist von sechs Monaten sowie das sog. Halbeinkünfteverfahren wurden abgeschafft.

Bei ab 2005 abgeschlossenen Kapitallebensversicherungen und privaten Rentenversicherungen mit Kapitalwahlrecht wird von den Versicherungsgesellschaften zunächst immer die Abgeltungsteuer auf den vollen Unterschiedsbetrag zwischen Ablaufleistung und Beitragssumme einbehalten. Der nur hälftige Unterschiedsbetrag mit Besteuerung zum persönlichen Steuersatz kann nur im Rahmen der Einkommensteuererklärung geltend gemacht werden. Die Steuerbelastung macht dann effektiv nur die Hälfte des persönlichen Steuersatzes aus.

8.2. Zinseinkünfte

Da Zinseinkünfte abgeltungsteuerpflichtig sind, wird zuweilen auch von der „Zinsabschlagsteuer" gesprochen, obwohl die Abgeltungsteuer zurzeit auch alle anderen Kapitaleinkünfte betrifft.

Zu den **Zinseinkünften** zählen:

- Guthabenzinsen auf Spar-, Tages- oder Festgelder bei Banken
- Guthabenzinsen auf Spargelder von Wohnungsgenossenschaften
- Guthabenzinsen auf Instandhaltungsrücklagen bei Eigentumswohnungen
- Bauspar-Guthabenzinsen, sofern der Bausparvertrag noch nicht zur Finanzierung einer selbstgenutzten Wohnimmobilie verwendet wird (außer für Zinsen auf einen Riester-Bausparvertrag)
- Zinseinnahmen aus festverzinslichen Wertpapieren wie Bundes- oder Auslandsanleihen oder Pfandbriefen einschließlich erhaltener Stückzinsen
- Zinseinnahmen aus Darlehensforderungen.

Die Zinseinkünfte werden unter „Kapitalerträge" in Zeile 7 der Anlage KAP eingetragen und die darauf einbehaltene Kapitalertragsteuer zuzüglich Solidaritätszuschlag und evtl. Kirchensteuer in den Zeilen 47 bis 49 auf der Rückseite von Anlage KAP.

Angesichts der anhaltenden Niedrigzinsphase mit einem Zins von beispielsweise nur einem Prozent wird der Sparerfreibetrag von 801/1.602 Euro (Alleinstehende/Verheiratete) bei Kapitaleinkünften, die nur aus Zinserträgen bestehen, erst ab einem Geldvermögen von 80.000 Euro bei Alleinstehenden oder 160.000 Euro bei zusammen veranlagten Ehegatten erreicht.

Nur Zinsanlagen, die dieses Geldvermögen von 80.000 bzw. 160.000 Euro übersteigen, werden bei einem Zins von 1 Prozent zur Abgeltungsteuer bzw. sog. Zinsabschlagsteuer herangezogen. Unter Berücksichtigung einer Inflationsrate von 2 Prozent wird der Realzins bereits negativ. Würde nun diese Zinsabschlagsteuer abgeschafft, müssten Anleger die Zinserträge für das über diesen Grenzen liegende Geldvermögen mit ihrem persönlichen Steuersatz versteuern bis zu einem Spitzensteuersatz von 44,31 Prozent inkl. Solidaritätszuschlag im Vergleich zu 26,375 Prozent bei der Zinsabschlagsteuer inkl. Solidaritätszuschlag. Dadurch würde der Zins nach Steuern und nach Inflation (sog. Netto-Realzins) noch weiter unter Null fallen.

Trotz der geringen Zinsen entfallen vom gesamten Geldvermögen in Deutschland immer noch 2,27 Bio. Euro auf Zinsanlagen, dies sind bei 83 Mio. Bundesbürgern immerhin 27.350 Euro im Durchschnitt. Allerdings wird dieser Durchschnittsbetrag von vermögenden Anlegern mit einer stark zinslastigen Vermögensstruktur deutlich übertroffen. Diese Anleger würden von der Abschaffung der Zinsabschlagsteuer getroffen, sofern ihr persönlicher Steuersatz über dem pauschalen Steuersatz von 25 Prozent bei der Zinsabschlagsteuer liegt.

8.3. Dividendeneinkünfte und realisierte Kursgewinne

Ausgeschüttete Dividenden aus Aktien sind ebenfalls in Zeile 7 der Anlage KAP einzutragen. Auf Unternehmensebene werden zunächst rund 30 Prozent der **Bruttodividende** bzw. des Gewinns der Aktiengesellschaft für die Körperschaftsteuer, den Solidaritätszuschlag und die Gewerbesteuer abgeführt. Der an die Aktionäre ausgeschüttete Gewinn nach Abzug dieser von der Aktiengesellschaft zu zahlenden Steuern macht somit rund 70 Prozent des Unternehmensgewinns aus.

Vom ausgeschütteten Gewinn in Höhe von 70 Prozent geht dann noch die vom Aktionär zu tragende Kapitalertragsteuer zuzüglich Solidaritätszuschlag und evtl. Kirchensteuer ab. Letztlich fließt dem Aktionär nur eine **Nettodividende** von 51,5 Prozent des Unternehmensgewinns zu.

Würde man die Abgeltungsteuer auch auf Dividendeneinkünfte abschaffen und durch die Besteuerung des ausgeschütteten Gewinns mit dem persönlichen Steuersatz ersetzen, bliebe für Aktionäre mit einem Spitzensteuersatz von 44,31 Prozent inkl. Solidaritätszuschlag nur noch eine Nettodividende von 39 Prozent. Damit käme es zu einer Doppelbesteuerung von Dividenden.

Auch die durch Verkauf realisierten Kursgewinne für ab 2009 erworbene Aktien und andere Wertpapiere zählen zu den Kapitalerträgen, die in Zeile 7 der Anlage KAP einzutragen sind. Diese **Veräußerungsgewinne** sind daher ebenfalls abgeltungsteuerpflichtig. Dies gilt auch für aktienähnliche Genussrechte, Genossenschaftsanteile und GmbH- Anteile mit einer Beteiligung von unter ein Prozent des GmbH-Stammkapitals.

Ausgeschüttete Dividenden sind abgeltungsteuerfrei, sofern die Ausschüttung aus der Substanz (sog. steuerliches Einlagekonto nach § 27 Körperschaftsteuergesetz) erfolgt. Diese Maßnahme praktizieren beispielsweise die Aktiengesellschaften Deutsche Telekom, Deutsche Post und Freenet. Beim Verkauf der entsprechenden Aktien wird die Versteuerung der Dividenden allerdings nachgeholt, da die zunächst steuerfreien Dividenden aus steuerlicher Sicht zur Verringerung der Anschaffungskosten führen.

8.4. Kapitalerträge aus Investmentfonds und ETFs

Kapitalerträge aus Investmentfonds einschließlich Indexfonds (ETFs = Exchange Traded Funds) sind abgeltungsteuerpflichtig. Ab 2018 gibt es zwar die **neue Fondsbesteuerung**. Die grundsätzlichen Regelungen über die Kapitalertrag- bzw. Abgeltungsteuer und den Sparerfreibetrag von 801/1.602 Euro (Alleinstehende/Verheiratete) bleiben aber weiterhin bestehen.

Bislang waren in Deutschland Erträge auf der Ebene der Fondsgesellschaften selbst komplett steuerfrei. Nur die Fondsanleger wurden besteuert. Dies ändert sich ab Beginn 2018 mit Inkrafttreten des Investmentsteuerreformgesetzes (InvStRefG). Deutsche Publikumsfonds wie Aktienfonds, Mischfonds und offene Immobilienfonds führen im ersten Schritt ab 2018 schon auf Fondsebene 15 Prozent Steuern auf deutsche Dividenden und Mieterträge sowie auf Gewinne aus dem Verkauf von Aktien und deutscher Immobilien an den Fiskus ab. Nur reine Rentenfonds sind davon nicht betroffen.

Erst im zweiten Schritt werden Erträge an die Anleger ausgeschüttet. Sie bekommen also zunächst weniger ausgezahlt. Dafür erhalten sie aber eine Entlastung in Form von **Teilfreistellungen**. Das heißt, je nach Fonds bleiben zwischen 15 und 80 Prozent der Kapitalerträge steuerfrei.

Bei **Aktien- und Mischfonds** mit einem Aktienanteil von mindestens 51 Prozent bleiben 30 Prozent der Kapitalerträge steuerfrei. Liegen die Kapitalerträge beispielsweise bei 5.000 Euro, sind nur 3.500 Euro zu versteuern. Nach Abzug der Kapitalertragsteuer einschließlich Solidaritätszuschlag und Kirchensteuer verbleiben von den 5.000 Euro noch rund 4.000 Euro netto. Handelt es sich um einen Mischfonds mit einem Aktienanteil von dauerhaft mindestens 25 Prozent, bleiben nur 15 Prozent der Kapitalerträge steuerfrei. Für Mischfonds mit geringerem Aktienanteil gibt es keine Steuerfreistellung.

Bei **offenen Immobilienfonds** sind 60 Prozent der Kapitalerträge steuerfrei, bei im Ausland liegenden Immobilien sind es sogar 80 Prozent. Andersherum bedeutet dies für offene Immobilienfonds mit Deutschland-Immobilien: Nur 40 Prozent der anteiligen Kapitalerträge (Mieteinnahmen und Veräußerungsgewinne) sind steuerpflichtig.

Dass pauschal 15 bis 80 Prozent der Kapitalerträge je nach Fondstyp (Mischfonds, Aktienfonds, offener Immobilienfonds mit Schwerpunkt Inland oder Ausland) steuerfrei sind, wird als **Teilfreistellung** bezeichnet.

Für geschlossene Immobilienfonds bzw. alternative Investmentfonds mit Immobilien (siehe Kapitel 7.3) gilt die neue Fondsbesteuerung für Investmentfonds übrigens nicht, da es sich hierbei um Mieteinkünfte und nicht um Kapitaleinkünfte handelt.

Andererseits gelten die neuen Regeln zur Besteuerung von Investmentfonds in vollem Umfang auch für börsennotierte ETFs (Exchange Traded Funds). Es kommt darauf an, dass bei Aktien-ETFs mindestens 51 Prozent des Fondsvermögens in Aktien investiert sind. Entscheidend für die Teilfreistellung ist die Art des Indexfonds. Bei ETFs in Form von börsennotierten Aktienindexfonds auf die Aktienindizes von beispielsweise

MSCI World, S&P, EuroStoxx oder DAX bleiben beispielsweise 30 Prozent der Kapitalerträge steuerfrei.

Inländische und ausländische Investmentfonds, die Dividenden ansparen oder ausschütten, werden künftig grundsätzlich steuerlich gleich besteuert. Der Bestandsschutz für vor 2009 gekaufte Anteile an Investmentfonds fällt weg. Wer diese Investmentanteile vor 2009 gekauft hat, muss die Kapitalerträge ab 2018 also grundsätzlich versteuern. Allerdings gibt es beim Verkauf einen hohen Steuerfreibetrag von 100.000 Euro pro Person. Bei zusammen veranlagten Ehegatten mit sehr hohen Kapitalerträgen aus vor 2009 gekauften Investmentanteilen kann sich dieser Steuerfreibetrag dann sogar auf 200.000 Euro verdoppeln.

Da Investmentfonds ab 2018 nach der gleichen Steuersystematik besteuert werden, wird es für Fondsanleger im Prinzip leichter. Sie müssen sich keine Gedanken mehr darüber machen, ob der Fonds in Deutschland oder im Ausland angesiedelt ist und welche Art von Kapitalerträgen (Dividenden, Zinserträge, Mieterträge und Veräußerungsgewinne) er ausschüttet. Es kommt bei der Frage, wie hoch die steuerfreien Anteile an den Kapitalerträgen ausfallen, ganz allein auf die Struktur des Investmentfonds (Aktienfonds, Mischfonds, Rentenfonds oder offener Immobilienfonds) an.

Laut Bundesfinanzministerium soll die Reform der Fondsbesteuerung für weniger Arbeit bei den Fondsanlegern und auch bei den Depotbanken sowie der Finanzverwaltung sorgen. Außerdem sollen Steuerschlupflöcher geschlossen werden.

Anleger, die bisher thesaurierende Fonds oder ETFs beispielsweise auf den Aktienindex MSCI World gewählt haben, können künftig in punkto Bürokratie aufatmen. Sie müssen nicht mehr die wieder angelegten Dividenden (sog. ausschüttungsgleiche Erträge) aus der Jahressteuerbescheinigung der Depotbank und die zugehörige „anrechenbare Quellensteuer" in die Anlage KAP ihrer Einkommensteuererklärung übertragen und müssen auch nicht mehr alle Unterlagen bis zum Tag des Verkaufs aufbewahren. Auch das Übertragen der auf die Abgeltungsteuer anrechenbaren Quellensteuer entfällt. Allerdings kann der Abzug einer Vorabpauschale in Betracht kommen (siehe nächste Seite).

Kern der neuen Fondsbesteuerung ist die bereits erwähnt **Teilfreistellung von Kapitalerträgen**. Sie ersetzt die bisherige Praxis, wonach sich Fondsanleger Teile der Quellensteuer auf die Abgeltungsteuer anrechnen lassen konnten. Bei einem thesaurierenden Aktienfonds bzw. Aktienindex-ETF werden beispielsweise 30 Prozent der Kapitalerträge ab 2018 von der Steuer freigestellt.

Jährliche Kapitalerträge von beispielsweise 1.000 Euro sind also zu 70 Prozent bzw. 700 Euro steuerpflichtig. Nur von diesen 700 Euro wird die Kapitalertragsteuer inkl. Solidaritätszuschlag und evtl. Kirchensteuer berechnet. Bei einem Kirchensteuersatz von 9 Prozent würde die Depotbank dann rund 200 Euro an Steuern einbehalten, sofern kein Freistellungsauftrag erteilt wurde.

Auch **Veräußerungsgewinne** beim Verkauf von Fondsanteilen sind steuerpflichtig und unterliegen der Abgeltungsteuer. Dabei wird der steuerpflichtige Gewinn aus den Einnahmen beim Verkauf der Fondsanteile abzüglich der Anschaffungskosten und der vollen **Vorabpauschale** ermittelt.

Die Vorabpauschale wird nicht an den Fondsanleger ausgezahlt, sondern dient nur zur Berechnung der Steuerlast. Sofern der Fonds im abgelaufenen Kalenderjahr eine positive Wertentwicklung erzielt hat, wird diese Vorabpauschale aus dem Basisertrag minus der Ausschüttung ermittelt. Der Basisertrag errechnet sich im Jahr 2018 beispielsweise bei Aktienfonds aus 70 Prozent des Wertes, der sich nach Multiplikation des Basiszinses von beispielsweise 0,87 Prozent für 2018 laut Bundesbank mit dem Rücknahmepreis der Fondsanteile am 1. Januar 2018 ergibt.

8.5. Kapitalerträge aus Lebensversicherungen

Ablaufleistungen aus vor 2005 abgeschlossenen Kapitallebensversicherungen und privaten Rentenversicherungen mit Kapitalwahlrecht (sog. **Altverträge**) sind einkommensteuerfrei. Allerdings gilt diese steuerliche Begünstigung nur, wenn die folgenden vier Bedingungen erfüllt sind:

- laufende Beitragszahlung über mindestens fünf Jahre, wovon mindestens ein Beitrag vor dem 01.04.2005 gezahlt wurde
- Vertragslaufzeit mindestens 12 Jahre
- Todesfallschutz von mindestens 60 Prozent der Beitragssumme bei der Kapital-Lebensversicherung
- keine steuerschädliche Abtretung zur Absicherung eines Darlehens.

Ist nur eine der genannten Bedingungen (zum Beispiel Kündigung nach Ablauf von zehn Jahren) nicht erfüllt, unterliegen die angefallenen Zinserträge der Kapitalertrag- bzw. Abgeltungssteuer.

Bei Vertragsabschluss ab 01.01.2005 (sog. **Neuverträge**) ist die Ablaufleistung zwar nicht mehr komplett steuerfrei, aber zumindest steuerbegünstigt. Dies bedeutet konkret: Nur die Hälfte des Unterschiedsbetrags zwischen Ablaufleistung und Beitragssumme wird mit dem persönlichen Steuersatz versteuert. Aber auch für diese steuerbegünstigten Kapital-Lebensversicherungen und privaten Rentenversicherungen mit Kapitalwahlrecht sind noch zwei Bedingungen zu erfüllen:

- Vertragslaufzeit mindestens 12 Jahre
- Auszahlung der Versicherungsleistung erst nach Vollendung des 60. Lebensjahres bei Vertragsabschluss in den Jahren 2005 bis 2011 bzw. des 62. Lebensjahres bei Abschluss ab dem 01.01.2012.

Wird in diesem Fall eine der beiden Bedingungen nicht erfüllt, unterliegt der gesamte Kapitalertrag (Unterschiedsbetrag zwischen Ablaufleistung und Beitragssumme) der Abgeltungsteuer von 25 Prozent. Selbst bei einem Spitzensteuersatz von 42 Prozent schneidet ein steuerbegünstigter Neuvertrag besser ab, da in diesem Fall nur eine Einkommensteuer in Höhe von 21 Prozent des Kapitalertrags fällig wäre.

In der Praxis führt das Versicherungsunternehmen aber auch bei steuerbegünstigten Lebensversicherungen 25 Prozent des Kapitalertrags zuzüglich Solidaritätszuschlag an das Finanzamt ab, also die volle Abgeltungsteuer. Dazu ist der Versicherer sogar laut Einkommensteuergesetz verpflichtet.[50]

Der Steuerzahler muss sich dann die zu viel bezahlte Steuer über die Anlage KAP zur Einkommensteuererklärung vom Finanzamt wieder zurückholen. Dazu benötigt er die Bescheinigung der Versicherung über die bezahlte Abgeltungsteuer.

Dazu ein Beispiel: Ablaufleistung einer Kapital-Lebensversicherung 73.090 Euro (bei einer Ablaufrendite von 3 Prozent), Beitragssumme 60.000 Euro (= jährlich 5.000 Euro x 12 Jahre) und somit Kapitalertrag von 13.090 Euro (= 73.090 Euro Ablaufleistung minus 50.000 Euro Beitragssumme).

In diesem Fall führt die Versicherung zunächst 3.452,49 Euro an Abgeltungsteuer inkl. Solidaritätszuschlag an das Finanzamt ab. Sofern der persönliche Steuersatz bei 30 Prozent zuzüglich Solidaritätszuschlag liegt, macht die tatsächlich zu zahlende Steuer allerdings nur 2.071,49 Euro aus, da nur die Hälfte von 13.090 Euro zu versteuern ist. Somit wurden Steuern in Höhe von 1.381 Euro zu viel einbehalten, die auf Antrag des Steuerpflichtigen über den Einkommensteuerbescheid wieder an ihn zurückfließen.

Erbschaftsteuerfreie Lebensversicherungen

Bei Kapitallebensversicherungen und privaten Rentenversicherungen lassen sich zudem Erbschaft- und Schenkungsteuer komplett einsparen. Dies setzt voraus, dass der Bezugsberechtigte (zum Beispiel die hinterbliebene Ehefrau) im Todesfall des versicherten Ehemanns gleichzeitig auch Versicherungsnehmer ist. Die Ehefrau erhält dann die Todesfallleistung aus der eigenen Versicherung und nicht aus dem Nachlass bzw. der Versicherung ihres Ehegatten.

Häufig sichern Ehemänner als Versicherungsnehmer ihre im Todesfall hinterbliebene Ehefrau finanziell über eine Kapitallebens- oder Risikolebensversicherung ab, zahlen selbst die Beiträge und setzen ihre Ehe-

---

[50] § 43 Abs. 1 Nr. 4 EStG

frau als Bezugsberechtigte ein. Verstirbt der Ehemann, fällt die Todesfall-summe aber in den Nachlass und wird somit erbschaftsteuerpflichtig.

Um dies zu vermeiden, sollte nicht der Ehemann, sondern die Ehefrau als Versicherungsnehmerin und Bezugsberechtigte benannt werden. Der Ehemann sollte nur Versicherter sein. Wenn der Ehemann als Alleinverdiener lediglich die Versicherungsbeiträge zahlt, dürfte dies in der Regel keine Schenkungsteuer auslösen. Nur wenn mehr als die Hälfte des Nettoeinkommens für den gegenwärtigen und zukünftigen Unterhalt der Ehefrau aufgebracht würde, könnte dies als steuerpflichtige Schenkung angesehen werden.

Nach dem Unterhaltsrecht hat ein Alleinverdiener ohnehin für seine Familie aufzukommen. Nur wenn mehr als die Hälfte des gemeinsamen Nettoeinkommens dafür aufgebracht würde, könnte dies als steuerpflichtige Schenkung angesehen werden.

Bei bereits bestehenden Versicherungen mit dem Ehemann als Versicherungsnehmer und Versichertem sollte gegebenenfalls die Ehefrau als neue Versicherungsnehmerin eingetragen werden. Ein derartiger Versicherungsnehmer-Wechsel ist schenkungsteuerfrei, soweit der gegenwärtige Wert der Versicherungsansprüche (zum Beispiel Rückkaufswert bei Kapitallebensversicherungen) den steuerlichen Freibetrag nicht überschreitet.

Die beste Lösung für Eheleute ist eine **Über-Kreuz-Versicherung.** Bei der Kapitallebensversicherung A ist die Ehefrau Versicherungsnehmer und Bezugsberechtigte und ihr Ehemann Versicherter und bei der Kapitallebensversicherung B genau umgekehrt, da nun der Ehemann als Versicherungsnehmer und Bezugsberechtigter fungiert und seine Ehefrau als Versicherte. Auf diese Weise werden beide Eheleute finanziell im Todesfall abgesichert und die Leistungen im Todesfall des Ehemannes oder der Ehefrau bleiben erbschaftsteuerfrei.

Diese Überkreuz-Verträge empfehlen sich auch für Risikolebensversicherungen. Die andere Möglichkeit, nur eine Risikolebensversicherung auf beide Ehegatten („verbundene Leben") abzuschließen, ist zwar kostengünstiger. Allerdings zahlt der Versicherer die vereinbarte Versicherungssumme dann nur nach dem ersten Todesfall an den überlebenden Ehegatten aus.

Eine besondere Spezialität stellt die **sofort beginnende Rentenversicherung mit Todesfallabsicherung** dar. Hierbei wird ein Einmalbeitrag von beispielsweise 50.000 Euro eingezahlt. Der Versicherte (zum Beispiel der Ehemann) erhält daraus eine lebenslange Sofortrente. Die versicherte Todesfallsumme wird beim Tod des Versicherten an den Bezugsberechtigten (zum Beispiel die Ehefrau) ausgezahlt.

Als Versicherungsnehmer sollte in diesem Fall wiederum die im Todesfall des versicherten Ehemanns bezugsberechtigte Ehefrau sein. Dann unterliegt die Todesfallsumme, die einschließlich Überschussbeteiligungen so hoch wie der Einmalbeitrag sein kann, nicht der Erbschaftsteuer.

Der versicherte Ehemann erhält, solange er lebt, eine private Rente. Diese wird nur mit dem günstigen Ertragsanteil von beispielsweise 18 Prozent bei einem 65-jährigen Versicherten besteuert. Somit werden gleich zwei Steuervorteile miteinander kombiniert – erbschaftsteuerfreie Auszahlung der Todesfallsumme und steuerbegünstigte laufende private Rente.

Eine solche sofort beginnende Rentenversicherung mit Todesfallabsicherung hat quasi Festgeld-Charakter, da es auf den Einmalbeitrag statt Zinsen laufende Renten gibt. Im Unterschied zum Festgeld endet die Laufzeit dieser Versicherung aber nicht zum vertraglich vereinbarten Termin, sondern mit dem Ableben der versicherten Person.

9. STEUERN SPAREN DURCH ALTERSENTLASTUNGSBETRAG

Ruheständler, die das 65. Lebensjahr vollendet haben, profitieren von einem steuerfreien Altersentlastungsbetrag, falls sie außer Renten und Pensionen noch weitere Nebeneinkünfte wie zum Beispiel Zins- oder Mieteinkünfte haben.

Noch genauer steht es im Einkommensteuergesetz: Danach steht dieser Altersentlastungsbetrag allen Personen zu, die vor Beginn des Kalenderjahres, in dem sie Einkommen bezogen haben, das 64. Lebensjahr vollendet haben.[51] Wer also beispielsweise am 01.04.1953 geboren ist und am 01.04.2018 seinen 65. Geburtstag feiert, hat somit zu Beginn des Kalenderjahres 2018 das 64. Lebensjahr vollendet. Ab 2018 würde diese Person den steuerfreien Altersentlastungsbetrag genießen, auch wenn sie noch nicht im Ruhestand ist. Daher heißt es auch „Altersentlastungsbetrag" und nicht „Ruhestandsentlastungsbetrag".

Den Altersentlastungsbetrag müssen mindestens 65-Jährige nicht extra in ihrer Einkommensteuererklärung beantragen. Das Finanzamt gewährt ihn automatisch, da ihm die notwendigen Angaben über alle Alterseinkünfte ja vorliegen. Steuertechnisch wird der Altersentlastungsbetrag von der Summe aus positiven Einkünften abgezogen.

Keinen Altersentlastungsbetrag gibt es beispielsweise für gesetzliche Renten und private Renten (siehe Kapitel 3.1 und 3.3) sowie Beamten- und Werkspensionen, die als Versorgungsbezüge bereits über den Versorgungsfreibetrag begünstigt sind (siehe Kapitel 4).

---

[51] § 24 a EStG

9.1. Höhe des steuerfreien Altersentlastungsbetrags

Der steuerfreie **Altersentlastungsbetrag** steht mindestens 65-jährigen Rentnern und Pensionären nur bei Alterseinkünften zu, die nicht zu den gesetzlichen Renten, Renten aus der berufsständischen Versorgung, Renten aus der Alterssicherung der Landwirte und Rürup-Renten sowie zu den Beamten- und Betriebspensionen zählen. Daher kommen für den Abzug des Altersentlastungsbetrages nur folgende zusätzliche Alterseinkünfte in Frage:

- voll besteuerte Betriebsrenten und Riester-Renten, deren Beiträge in der Ansparphase steuerbegünstigt waren bzw. durch Zulagen gefördert wurden (also Renten aus der zweiten Schicht der Altersvorsorge)
- nicht abgeltungssteuerpflichtige Kapitalerträge wie Zins- und Dividendeneinkünfte, die als Einkünfte aus Kapitalvermögen besteuert werden (siehe BFH-Urteil[52] vom 25.04.2017)
- Mieteinkünfte (positive Einkünfte oder Gewinne aus Vermietung und Verpachtung)
- Arbeitseinkommen als Löhne oder Gewinne (Einkünfte aus selbstständiger oder nicht selbstständiger Tätigkeit).

Wer beispielsweise im Jahr 2018 mit 65 Jahren in den Ruhestand geht und zusätzliche Alterseinkünfte außer gesetzlichen Renten und Pensionen erzielt, bekommt einen steuerfreien Altersentlastungsbetrag von 19,2 Prozent der Bruttoeinnahmen, maximal aber 912 Euro jährlich.

Bei allen Rentnern und Pensionären, die erst nach 2018 das 65. Lebensjahr vollenden, sinkt der Altersentlastungsbetrag schrittweise bis auf beispielsweise 760 Euro in 2020 oder nur noch 380 Euro in 2030 (siehe Tabelle 12). Für alle Geburtsjahrgänge ab 1975 entfällt der Altersentlastungsbetrag völlig, da diese jüngeren Jahrgänge erst ab 2040 ihren 65. Geburtstag feiern. Bei Renten- und Pensionsbeginn ab 2040 gibt es nur noch die Werbungskostenpauschale von 102 Euro pro Jahr.

---

[52] BFH Az. III B 51/16
https://datenbank.nwb.de/Dokument/Anzeigen/699237/

Bei Verheirateten, die beide mindestens 65 Jahre alt und Rentner oder Pensionäre sind, kann jeder Ehegatte den steuerlichen Altersentlastungsbetrag für sich in Anspruch nehmen, sofern er eigene sonstige Alterseinkünfte hat. Insofern macht es aus steuerlicher Sicht Sinn, hohe zusätzliche Alterseinkünfte des einen Ehegatten teilweise auf den anderen Ehegatten zu verlagern.

Der steuerfreie Altersentlastungsbetrag bleibt hinsichtlich des Prozentsatzes und des Höchstbetrages auf Dauer unverändert. Nur der tatsächlich abzugsfähige Betrag kann sich in Abhängigkeit von der Höhe der zusätzlichen Alterseinkünfte ändern.

Um beispielsweise den Höchstbetrag von 912 Euro in 2018 zu erhalten, müssen immerhin zusätzliche Einnahmen von 4.750 Euro vorliegen, denn 19,2 Prozent davon ergeben genau die dort genannten 912 Euro. Liegt die jährliche Betriebsrente brutto im Jahr zum Beispiel nur bei 3.600 Euro, sinkt der steuerliche Altersentlastungsbetrag auf 691,20 Euro (= 19,2 Prozent von 3.600 Euro).

Tabelle 12: Altersentlastungsbetrag für zusätzliche Alterseinkünfte

65 Jahre oder älter im Kalenderjahr	Altersentlastungsbetrag		65 Jahre oder älter im Kalenderjahr	Altersentlastungsbetrag	
	in %	max. in Euro		in %	max. in Euro
2005	40 %	1.900 Euro	2023	13,6 %	646 Euro
2006	38,4 %	1.824 Euro	2024	12,8 %	608 Euro
2007	36,8 %	1.748 Euro	2025	12,0 %	570 Euro
2008	35,2 %	1.672 Euro	2026	11,2 %	532 Euro
2009	33,6 %	1.596 Euro	2027	10,4 %	494 Euro
2010	32 %	1.520 Euro	2028	9,6 %	456 Euro
2011	30,4 %	1.444 Euro	2029	8,8 %	418 Euro
2012	28,8 %	1.368 Euro	2030	8,0 %	380 Euro
2013	27,2 %	1.292 Euro	2031	7,2 %	342 Euro
2014	25,6 %	1.216 Euro	2032	6,4 %	304 Euro
2015	24 %	1.140 Euro	2033	5,6 %	266 Euro
2016	22,4 %	1.064 Euro	2034	4,8 %	228 Euro
2017	20,8 %	988 Euro	2035	4,0 %	190 Euro
2018	19,2 %	912 Euro	2036	3,2 %	152 Euro
2019	17,6 %	836 Euro	2037	2,4 %	114 Euro
2020	16 %	760 Euro	2038	1,6 %	76 Euro
2021	15,2 %	722 Euro	2039	0,8 %	38 Euro
2022	14,4 %	684 Euro	2040	0,0 %	0 Euro

9.2. Altersentlastungsbetrag für Riester-Rente und Betriebsrente

Renten aus der ersten Schicht der Altersvorsorge (zum Beispiel gesetzliche Rente oder Rürup-Rente), die bereits über den Rentenfreibetrag steuerlich begünstigt werden, sowie Renten aus der dritten Schicht (zum Beispiel Privatrente aus der privaten Rentenversicherung) mit steuerbegünstigtem Ertragsanteil sind vom Altersentlastungsbetrag ausgeschlossen.

Im Umkehrschluss bedeutet dies: Vom steuerfreien Altersentlastungsbetrag profitieren Renten aus der zweiten Schicht der Altersvorsorge (Riester-Rente, Betriebsrente in der Privatwirtschaft sowie kapitalgedeckte Zusatzrente im öffentlichen und kirchlichen Dienst), für die Beitragszahlungen in der Ansparphase steuerfrei geleistet wurden. Da diese Renten im Prinzip voll besteuert werden, sind sie zumindest über den Altersentlastungsbetrag steuerlich begünstigt.

Letztlich kann es also für Riester-Renten und Betriebsrenten also zwei steuerliche Vorteile geben – Steuerfreiheit in der Ansparphase (inkl. Altersvorsorgezulagen für die Riester-Beiträge) und eventuell noch steuerfreier Altersentlastungsbetrag in der Rentenphase.

9.3. Altersentlastungsbetrag für Arbeits-, Miet – oder Kapitaleinkünfte

Für **Arbeitseinkünfte**, die nicht aus einem steuerfreien Minijob stammen, ist ebenfalls ein Altersentlastungsbetrag möglich. Dabei kommt es bei den Einkünften aus nichtselbstständiger Arbeit auf den Überschuss der Einnahmen (Bruttojahreslohn) über die Werbungskosten an und bei den Einkünften aus selbstständiger Arbeit auf den Gewinn als Überschuss der Betriebseinnahmen über die Betriebseinnahmen (siehe Kapitel 6). Liegen diese bei 4.750 Euro oder mehr im Jahr, wird der Altersentlastungsbetrag allein durch Arbeitseinkünfte ausgeschöpft.

Ähnliches gilt für **Mieteinkünfte**, die steuerlich Einkünfte aus Vermietung und Verpachtung genannt werden (siehe Kapitel 7). Hier wird der Überschuss der Mieteinnahmen über die Werbungskosten für die Berechnung des Altersentlastungsbetrags zugrunde gelegt. Sofern dieser Überschuss bei zusammen veranlagten Ehegatten ausschließlich bei einem der beiden Ehegatten anfällt und dort bei 9.500 Euro und mehr liegt, könnte sich eine Aufteilung auf beide Ehegatten zu je 4.750 Euro beispielsweise bei Übertragung von Grundbesitz oder Anteilen an geschlossenen Immobilienfonds in Form einer Schenkung anbieten. Auf diese

Weise könnten beide Ehegatten vom steuerfreien Altersentlastungsbetrag profitieren.

Wenn **Kapitaleinkünfte** der Abgeltungssteuer bei Zins- oder Dividendeneinkünften, Kursgewinnen und Einkünften aus Investmentfonds inkl. ETFs unterliegen, ist ein Altersentlastungsbetrag nicht möglich. Das Finanzamt prüft aber auf Antrag des Steuerzahlers, ob es für ihn nicht günstiger ist, die Kapitaleinkünfte unter Abzug des Altersentlastungsbetrags zu ermitteln und dann mit dem persönlichen Steuersatz zu besteuern. .Wer diesen Antrag stellen will, muss dies mit Ziffer 1 in Zeile 4 bei Anlage KAP angeben.

Diese **Günstigerprüfung** kann in bestimmten Fällen dazu führen, dass die Besteuerung der Kapitaleinkünfte für den Steuerzahler zum persönlichen Steuersatz, obwohl dieser über dem Abgeltungssteuersatz von 25 Prozent liegt, wegen Berücksichtigung des Altersentlastungsbetrags vorteilhafter ist. In diesem Fall wird der steuerfreie Altersentlastungsbetrag voll ausgeschöpft, wenn die gesamten Zins- und Dividendeneinnahmen über 4.750 Euro zuzüglich Sparerfreibetrag von 801/1.602 Euro (Alleinstehende/Verheiratete) liegen, also zusammen bei 5.551/6.352 Euro und mehr.

Eine Übertragung der Kapitaleinkünfte auf den anderen Ehegatten aus steuerlichen Gründen kann per Schenkung erfolgen. Wenn beispielsweise jeder Ehegatte Kapitaleinkünfte von 6.352 Euro und mehr erzielt, können beide Ehegatten zusammen den doppelten Altersentlastungsbetrag in Höhe von 1.824 Euro bei Rentenbeginn in 2018 genießen.

Der Antrag auf Günstigerprüfung ist bei Nicht-Berücksichtigung des Altersentlastungsbetrags immer sinnvoll, wenn der persönliche Steuersatz unter dem Abgeltungssteuersatz von 25 Prozent liegt. Ist dies der Fall, wird die zu viel berechnete Abgeltungssteuer über den Einkommensteuerbescheid wieder erstattet.

10. UMGANG MIT DEM FINANZAMT

Der rechte Umgang mit dem Finanzamt will gelernt sein. Viele Steuerzahler scheuen sich davor und verschenken dadurch möglicherweise viel Geld. Es sollte Ihnen aber nicht so ergehen, wie dies der französische Staatsmann und Finanzminister unter König Ludwig XIV vor Jahrhunderten einmal formulierte:

„Steuern erheben, heißt die Gans so zu rupfen, dass man möglichst viele Federn mit möglichst wenig Gezische bekommt" (Jean Baptiste Colbert, französischer Staatsmann und Finanzminister bei Ludwig XIV).

Ich hoffe zuversichtlich, dass Sie als Ruheständler für Ihr Finanzamt keine fette Gans werden und möglichst wenig Federn lassen. Lassen Sie sich nicht zu sehr rupfen und nutzen Sie alle Steuersparmöglichkeiten, die Sie als Rentner und Pensionär tatsächlich haben.

Dazu zählen im Einzelnen, ohne dass die folgende Liste vollständig wäre:

- Rentenfreibetrag für gesetzliche Rentner (siehe Kapitel 3.1)
- Niedriger Ertragsanteil für private Rentner (siehe Kapitel 3.3)
- Versorgungsfreibetrag für Beamten- und Betriebspensionäre (siehe Kapitel 4)
- Altersentlastungsbetrag für sonstige Alterseinkünfte (siehe Kapitel 9)
- Steuerlich abzugsfähige Beiträge zur Altersvorsorge (siehe Kapitel 2)
- Steuerlich abzugfähige sonstige Vorsorgeaufwendungen (siehe Kapitel 5.1)
- Steuerermäßigung für Handwerkerarbeiten (siehe Kapitel 5.6)
- Arbeitnehmer-Pauschbetrag oder Betriebsausgabenpauschale für weitere Arbeitseinkünfte (siehe Kapitel 6)
- Abschreibungen bei Mieteinkünften aus Immobilien (siehe Kapitel 7)
- Sparerfreibetrag bei Kapitaleinkünften (siehe Kapitel 8).

Ob Sie es glauben oder nicht: Bis auf die steuerlich abzugsfähigen Beiträge zur Altersvorsorge nutze ich, seitdem ich selbst im Ruhestand bin, alle der hier aufgeführten Steuersparmöglichkeiten auch ganz privat und fahre gut damit.

10.1. Einkommensteuererklärung von Rentnern und Pensionären

Finanzbeamte sind auch Menschen. Sie haben im Grunde Verständnis für Steuerprobleme der Steuerbürger, zu denen sie ja auch selbst gehören. Je weniger Arbeit der Finanzbeamte (Beamtinnen sind natürlich mit eingeschlossen) mit der Einkommensteuererklärung seiner „Kunden" hat, desto hilfsbereiter und aufgeschlossener wird er ihnen gegenüber auch bei einem komplizierten Steuerfall sein. Nehmen Sie Ihrem Finanzbeamten also so viel Arbeit wie möglich ab und machen Sie wahre, klare, vollständige und übersichtliche Angaben in ihrer Einkommensteuererklärung.

Die meisten Steuerzahler schieben die Abgabe ihrer jährlichen Einkommensteuererklärung immer wieder auf und geben sie in nicht seltenen Fällen „auf den letzten Drücker" ab. Dies ist auch verständlich, da das Erstellen der Einkommensteuererklärung nicht vergnügungssteuerpflichtig ist und einiges an Arbeit verursacht. Allerdings nehmen Ihnen das kostenlose Steuerprogramm ELSTER der Finanzverwaltung sowie professionelle, kostenpflichtige Steuerprogramme (siehe Anhang) mittlerweile viel Arbeit ab.

Auch Bücher über das Steuersparen von Rentnern und Pensionären gibt es wie Sand am Meer. Dazu zählt ebenso der vorliegende Steuerratgeber. Wenn Ihnen nur ein Tipp oder Ratschlag aus einem dieser Steuersparbücher zu mehr Geld durch weniger Steuern verhilft, hat sich der Kauf schon gelohnt.

Das Ausfüllen der Einkommensteuererklärung mit den vielen Anlagen von Hand oder gar die persönliche Abgabe inklusive eines dicken Ordners mit Belegen ist sicherlich die große Ausnahme. Wer aber die Zeit hat und den Umgang mit Finanzbeamten nicht scheut, kann auch diesen Weg beschreiten. Ab der Einkommensteuererklärung für 2017 müssen Sie allerdings keine Belege mehr beim Finanzamt einreichen.

Briefe an das Finanzamt sollten Sie anlässlich der Abgabe Ihrer Einkommensteuererklärung nicht schreiben. Ein Steuerzahler schrieb einmal:

„...Ich bitte den Herrn Beamten, der meine Sache prüft, nach bestem Ermessen zu erledigen ....“ (aus: Heiteres Finanzamt, Teil 1)

Schmunzeln können Sie umgekehrt auch beim Lebenslauf eines angehenden Finanzbeamten, der nicht genannt sein möchte:

„..... Da es schon immer mein Wunsch war, Finanzbeamter zu werden, verließ ich Ostern 1964 das Gymnasium und ging wieder zur Volksschule ...“ (aus: Heiteres Finanzamt, Teil 2)

Aus dem Buch „Heiteres Finanzamt“ darf ich noch folgende Begebenheit zum Besten geben, die als schönste Geschichte seit Bestehen der Finanzverwaltung angesehen wird. Danach schrieb eine alte Frau aus Bad Aibling einen Brief an den lieben Gott und nicht an das Finanzamt mit folgendem Inhalt:

„Lieber Herrgott im Himmel, ich bin so alt, habe viel Hunger und wenig Geld. Bitte schick mir 100 Mark“

Den Umschlag, frankiert mit Auslandsporto, warf sie in den Briefkasten und die damalige Bundespost, findig im Ermitteln von Adressaten, gab ihn unter die Finanzpost. Der Amtsvorsteher von Bad Aibling kam zu dem Resultat, für die alte Frau etwas tun zu müssen. Eine Sammlung ergab 70 Mark, die er der Frau überwies. Zwei Tage später hatte der Finanzamtsvorsteher folgenden Brief in der Hand:

„Lieber Herrgott, ich danke dir herzlich für die 70 Mark. Wenn du mir aber wieder Geld schicken solltest, dann bitte nicht über das Finanzamt, denn die Lumpen haben mir gleich 30 Mark abgezogen“.

10.2. Prüfung des Einkommensteuerbescheids

Üblicherweise vier bis acht Wochen nach Abgabe der Einkommensteuererklärung erhalten Sie vom Finanzamt Ihren Einkommensteuerbescheid per Post zugesandt. Wer ELSTER oder ein kostenpflichtiges Steuerprogramm nutzt, kann den elektronischen Einkommensteuerbescheid auch schon ein paar Tage vorher einsehen.

Laut Bund der Steuerzahler ist jeder dritte Steuerbescheid falsch. Sie sollten Ihren **Einkommensteuerbescheid** daher auf Richtigkeit eingehend prüfen oder von einem professionellen Steuerprogramm bzw. einem Steuerberater überprüfen lassen.

Vergleichen Sie am besten den Einkommensteuerbescheid in allen Punkten mit den Angaben in Ihrer Einkommensteuererklärung nebst allen Anlagen. Sofern Sie oder ein Dritter feststellen, dass ein Fehler zu Ihren Ungunsten vorliegt, sollten Sie unbedingt Einspruch bei Ihrem Finanzamt einlegen. Hat sich das Finanzamt aber zu Ihren Gunsten geirrt, werden Sie wohlweislich nichts unternehmen.

10.3. Einspruch gegen Einkommensteuerbescheid

Innerhalb eines Monats nach Zustellung Ihres Einkommensteuerbescheids müssen Sie **Einspruch** bei dem für Sie zuständigen Finanzamt einlegen. Dieser Einspruch ist formlos und sollte per Einschreiben mit Rückschein versandt werden, sofern Sie ihn nicht bei Ihrem Finanzamt persönlich abgeben.

Die Formulierung des Einspruchs sollte höflich, aber bestimmt sein. Ein Originalbeispiel aus dem Jahr 2017 sei an dieser Stelle erwähnt:

„Einkommensteuerbescheid 2016, Steuer-Nr. ....

Sehr geehrte Damen und Herren,

gegen o.a. Einkommensteuerbescheid vom ....lege ich fristgemäß Einspruch ein.

Begründung:

Die von mir im Jahr 2016 gezahlten freiwilligen Beiträge zur gesetzlichen Rentenversicherung in Höhe von 10.988 Euro wurden steuerlich nicht berücksichtigt, obwohl ich sie in Zeile 6 der Anlage Vorsorgeaufwand angegeben und die Bescheinigung der Deutschen Rentenversicherung meiner Einkommensteuererklärung beigelegt hatte.

Diese Rentenbeiträge sind gem. § 10 Abs. 3 EStG steuerlich zu 82 Prozent abzugsfähig. Ich bitte Sie daher, den Einkommensteuerbescheid entsprechend zu korrigieren und mir einen geänderten Einkommensteuerbescheid zu übersenden.

Mit freundlichen Grüßen

. . . . ."

Was dieser Steuerzahler nicht erwartet hatte, geschah: Bereits eine Woche später hatte er den geänderten Einkommensteuerbescheid in seinen Händen und eine kräftige Steuererstattung auf seinem Konto.

Ganz sicher ist nicht jeder Einspruchsfall so klar wie dieser. In vielen Fällen mag man auch streiten, beispielsweise bei Annahme einer Doppelbesteuerung von Renten. Es bietet sich aber immer an, den Einspruch so klar wie möglich zu formulieren und wichtige Rechtsquellen (zum Beispiel Paragrafen des Einkommensteuergesetzes, Schreiben des Bundesfinanzministeriums oder Urteile des Bundesfinanzhofes) anzugeben, die den Einspruchsgrund stützen.

10.4. Klage vor dem Finanzgericht

Sofern Ihr Einspruch vom Finanzamt mit **Widerspruchsbescheid** abgewiesen wird und Sie ihr Recht durchsetzen wollen, bleibt nur die **Klage vor dem Finanzgericht**, das für Sie zuständig ist. Sofern Sie selbst nicht Rechtsanwalt, Steuerberater oder Wirtschaftsprüfer sind, müssen Sie einen Steuerberater oder Fachanwalt für Steuerrecht mit dieser Klage beauftragen. Gut ist es, wenn Sie eine Rechtsschutzversicherung besitzen und Ihr Versicherer für den Gerichtsprozess eine Deckungszusage erteilt.

Wird auch Ihre Klage vom Finanzgericht abgewiesen, bleibt Ihnen noch die Möglichkeit, dagegen **Revision vor dem Bundesfinanzhof** (BFH) einzulegen. Weist auch der BFH diese Revision per Urteil ab, kann schließlich noch **Verfassungsbeschwerde vor dem Bundesverfassungsgericht** (BVerfG) eingelegt werden. Für diesen langen Weg durch bis zu drei Gerichtsinstanzen benötigen Sie Mut, Durchhaltevermögen und eine gehörige Portion von Optimismus. Sie wären aber nicht der Erste, bei dem Bundesfinanzhof oder Bundesverfassungsgericht zu Ihren Gunsten entscheiden würden.

Erinnert sei an das Urteil des Bundesverfassungsgerichts im Jahr 2010, wonach künftig Beiträge zur Kranken- und Pflegeversicherung, soweit sie den Basisschutz betreffen, steuerlich unbegrenzt abzugsfähig sind. Nicht nur bei der Einkommensteuer, sondern auch bei anderen Steuern hat es häufig Urteile der Verfassungsrichter gegeben, die den Gesetzgeber zu einer Änderung zwangen. Mehrmals geschah dies beispielsweise bei der Erbschaft- und Schenkungsteuer. Auch das zu erwartende Urteil des Bundesverfassungsgerichts über die Grundsteuer wird zu Neuregelungen führen.

Im Jahr 2002 haben die obersten Verfassungsrichter die unterschiedliche Besteuerung von Renten und Pensionen als verfassungswidrig eingestuft. Bei einer Neuregelung zur Rentenbesteuerung müsste eine doppelte Besteuerung in jedem Fall vermieden werden. Im Fall einer tatsächlich nachgewiesenen Doppelbesteuerung von Renten stehen die Chancen also recht gut, dass ein neues Urteil des Bundesverfassungsgerichts dies als verfassungswidrig anerkennt und den Gesetzgeber zu einer Änderung des seit 2005 bestehenden Alterseinkünftegesetzes auffordert.

BÜCHER ZUM STEUERNSPAREN FÜR RENTNER UND PENSIONÄRE

1. Steuer Spar Erklärung für Rentner 2017, Akademische Arbeitsgemeinschaft Verlag Mannheim, 832 Seiten, 29,95 €

2. Buhl Data Service, Steuer: Ratgeber Spezial 2017 für den Ruhestand, 432 Seiten, 14,95 €

3. Steuer 2018 für Rentner & Pensionäre, Haufe Verlag, 352 Seiten, 14,95 €

4. Heuchert, Oliver, Steuersparen für Rentner und Pensionäre, dtv Beck Rechtsberater, 352 Seiten, 1. Aufl. 2017, 14,90 €

5. Steuererklärung 2017/2018 Rentner – Pensionäre, Stiftung Warentest, 206 Seiten, 14,90 €

6. Tölle, Wolf-Dieter, Alles, was Sie über Steuern im Ruhestand wissen müssen, Finanzbuch Verlag, 160 Seiten, 2. Aufl. 2017, 9,99 €

7. Benzel, Wolfgang, Steuerratgeber für Rentner und Ruhestandsbeamte, Ausgabe 2017, Walhalla Verlag, 160 Seiten, 9,95 €

STEUERPROGRAMME

1. Elster-Online oder Elsterformular (kostenloses Steuerprogramm der Finanzverwaltung (https://www.elster.de)

2. Wiso Steuersparbuch 2017, Buhl Data Service, 34,95 € bzw. 29,95 € im Abo (www.wiso-steuersparbuch.de)

3. Steuersparerklärung 2017, Wolters Kluwer Deutschland, 29,95 € bzw. 24,95 € im Abo (www.steuertipps.de)

4. Steuereasy 2017, Wolters Kluwer Deutschland, 14,99 € (www.steuertipps.de)

5. Quicksteuer 2017, Haufe-Lexware, 14,99 € (www.quicksteuer.de)

6. Tax 2017, Buhl Data Service, 14,95 € bzw. 12,95 € im Abo (www.tax-steuersoftware.de)

7. Lohnsteuer Kompakt, Forium, 19,99 € (www.lohnsteuer-kompakt.de)

8. Smartsteuer, 14,95 € (www.smartsteuer.de)

9. Steuerfuchs, Hartwerk Digitalmedien, 14,95 € (www.steuerfuchs.de)

STICHWORTVERZEICHNIS

ZUM AUTOR

Nach dem Studium der Wirtschaftswissenschaften an der Universität zu Köln und einem Zweitstudium in Mathematik an der Universität Bochum war Werner Siepe vierzig Jahre lang als Dozent für Volkswirtschaft und Mathematik im öffentlichen Dienst tätig. In den 1990er Jahren war er auch Dozent an der Immobilienakademie sowie Finanzakademie der European Business School in Oestrich-Winkel.

Seit 1987 beschäftigt sich Siepe schriftstellerisch intensiv mit den Themen Immobilien und Altersvorsorge. Bereits seine ersten Bücher „Wie ersteigere ich ein Haus oder eine Wohnung", „Die beste Finanzierung für Ihr eigenes Haus" und „So sparen Sie richtig Steuern mit Haus und Wohnung" aus den Jahren 1987 bis 1990 wurden Verlagsbestseller. Später kamen Bücher über Kauf, Vermietung und Verkauf von Immobilien hinzu.

Seit 2007 widmet er sich in Studien und Büchern verstärkt dem Thema Altersvorsorge. Dabei geht es um aktuelle, praxisnahe und verständliche Fakten sowie Ratschläge zur gesetzlichen Rente, Beamtenpension, berufsständischen Rente für Freiberufler und Betriebsrente für Arbeitnehmer.

Praktische Erfahrungen gibt Siepe ab 2012 als freiberuflicher Versorgungsberater öffentlicher Dienst auf Honorarbasis weiter sowie als ehrenamtlicher Helfer in Rentensachen im örtlichen Haus der Kirchen. Mit erfahrenen Rentenberatern steht er in ständigem Kontakt.

Im Jahr 2017 wurden seine Bücher „Ihr Weg zu mehr gesetzlicher Rente", „Ihr Weg zu mehr Pension", „Ihr Weg zu mehr Rente als Freiberufler" und „Extrabeiträge zur gesetzlichen Rente – Warum die Jahre 2017 bis 2023 als die sieben guten Rentenjahre gelten"" im M&E Books Verlag veröffentlicht. Das Buch „Ihr Weg zu mehr Betriebs- und Zusatzrente" hat er zusammen mit Dr. Friedmar Fischer, Experte in der Zusatzversorgung des öffentlichen Dienstes, verfasst.

Im Juli 2017 wird die erfolgreiche „Ihr Weg zu mehr …"-Reihe mit dem Buch „Ihr Weg zu mehr Rente mit Immobilien" fortgesetzt.

IHR WEG ZU MEHR PENSION
PRAXIS-RATGEBER FÜR BEAMTE

ISBN 978-3-947201-07-5
(Taschenbuch)
ISBN 978-3947201129
(geb. Ausgabe)
Auf Amazon.de:
http://amzn.to/2qh5YTf

IHR WEG ZU MEHR
GESETZLICHER RENTE

ISBN 978-3-947201-00-6
(Taschenbuch)
ISBN 978-3947201112
(geb. Ausgabe)
Auf Amazon.de:
http://amzn.to/2pypEkQ

IHR WEG ZU MEHR RENTE ALS FREIBERUFLER

ISBN 978-3-947201-19-8
(Taschenbuch)
ISBN 978-3-947201-20-4
(geb. Ausgabe)
Auf Amazon.de:
http://amzn.to/2whMay9

IHR WEG ZU MEHR BETRIEBS UND ZUSATZRENTE

ISBN 978-3-947201-17-4
(Taschenbuch)
ISBN 978-3-947201-18-1
(geb. Ausgabe)
Auf Amazon.de:
http://amzn.to/2wJgJPJ

EXTRABEITRÄGE ZUR GESETZLICHEN RENTE

ISBN 978-3-947201-27-3
(Taschenbuch)
ISBN 978-3947201-28-0
(geb. Ausgabe)
Auf Amazon.de:
http://amzn.to/2CajuxW

www.ingramcontent.com/pod-product-compliance
Lightning Source LLC
Chambersburg PA
CBHW050459190326
41458CB00005B/1347

*9 7 8 3 9 4 7 2 0 1 3 0 3 *